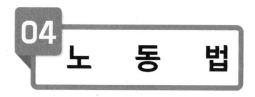

▶ YouTube

박교수의 7분법(seven-law)

04 노 동 법

박 승 두

신세림출판사

머리말

  이 책은 유튜브의 "박교수의 7분법(seven-law)" 네 번째 '노동법' 강의 교재이다. 어떻게 보면 노동법이 가장 어려운 법이다.

  그 이유는 첫째, 노동법은 노동자, 사용자, 정부, 학자 등 보는 관점에 따라 모두 다르게 보이기 때문이다.

  둘째, 노동법은 고령화, 4차산업혁명, 코로나19사태, 국제노동규범의 준수, 미중 무역분쟁 등 많은 현안들과 직접 관련되어 있다.

  셋째, 노동법은 가장 정치적인 법이다. 우리나라 정치의 격변기마다 노동법은 헌법보다 더 큰 수난과 역경을 받아 왔다.

  넷째, 노동법은 민법 등 일반적인 법률의 이론이 아닌 사회법이라는 독특한 이론이 적용된다.

  다섯째, 노동법은 공장에서 제조한 상품이 아닌 인격체인 사람이 제공하는 노동을 거래하는 법이다.

  여섯째, 관련 법률이 약 50여 종에 이르러 그 내용이 무척 방대하다.

  일곱째, 격변의 시대를 맞이하여 내용이 급변하고 있다.

  이처럼 어렵고 복잡한 노동법을 공부하는데 이 책이 조그만 길잡이가 되었으면 한다.

2020년 11월 1일

청주 우암산 자락의 연구실에서...

박 승 두 씀

목   차

제1장 노동법의 기본이해

제1절 노동법이란 무엇인가?   3
제2절 노동법은 어떻게 탄생하고 발전하여 왔나?   22
제3절 노동법의 법적 지위는?   49

제2장 국가가 모두에게 기본으로 깔아주는 권리

제1절 기본으로 깔아주는 이유는?   69
제2절 기본으로 깔아주는 내용은?   76
제3절 사용자가 안 지킬 때는 어떻게?   99

제3장 사용자와 협상하여 얻어내는 권리

제1절 협상의 방법과 주체는?   113
제2절 협상의 대상은?   127
제3절 서로 의견이 다를 때는 어떻게?   133

제4장 공정한 심판자로서의 국가

제1절 원칙적으로 당사자의 의사를 존중한다   157
제2절 합리적인 해결방안을 제시한다   161
제3절 피해에 대하여는 신속하게 구제한다   168

참고 문헌   179

제1장 노동법의 기본이해

제1절 노동법이란 무엇인가?
제2절 노동법은 어떻게 탄생하고
        발전하여 왔나?
제3절 노동법의 법적 지위는?

제1절 노동법이란 무엇인가?

1. '노동'의 가치

가. 개인에게는 행복의 필수조건

이 세상에서 가장 소중한 것이 무엇이냐고 하면, 사람에 따라 사랑, 건강, 재산, 명예, 권력 ··· 등 여러 가지 대답을 할 수 있을 것이다.

그것은 각자 가치관이 다르고 인생관이 다르기 때문이다. 그러나 '노동'이 가장 소중하다고 생각하는 사람은 별로 없을 것이다. 그것은 우리가 일상생활 중에 공기와 물의 중요성을 못 느끼듯이 노동의 중요성도 모르고 살아가기 때문이다. 그러나 **노동은 여러 가지 측면에서 소중한 가치**를 가지고 있으며, 그 중요성을 간과해서는 안된다.

첫째, 노동은 가능성, 건강 등 노동할 수 있는 능력을 뜻한다. 왜냐하면 노동은 노동할 수 있는 사람으로부터 주어지는 것이며, 노동할 수 있는 능력을 갖추지 못한 사람으로부터는 기대할 수 없기 때문이다. 따라서 노동은 단순히 외견상 드러난 그 자체만으로 보아서는 안되고 그를 둘러싼 가능성과 건강 등 노동할 수 있는 능력과 함께 파악하여야 할 것이다.

둘째, 노동은 사랑과 성취동기를 뜻한다. 왜냐하면 노동은 저절로 나타나는 것은 아니며, 사랑, 성취동기, 의지 등 인간의 정신활동에서 출발하는 것이다. 따라서 노동은 이를 통하여 실현하고자 하는 인간의 숭고한 뜻을 함께 이해하여야 한다. 그리고 "구슬이 서 말이라도 꿰어야 보배" 라는 말과 같이 사랑이라는 고귀한 정신도 노동으로 구체화되지 않으면 그 진가를 발휘할 수 없다. 또, 노동도 형식에 그치지 않고 정성이나 사랑을 가지고 행할 경우에야 비로소 그 진가를 발휘할 수 있다.[1]

셋째, 노동은 인생의 보람과 즐거움을 가져다준다. 그리고 청교도는 "나태는 모든 죄악의 근원" 이라고 하고, 우리 속담에도 "게으름은 만병의 근원" 이라는 말이 있다. 게으르면 신체기능이 저하되고 불결하여 몸과 마음이 나약하게 된다는 것이다.

헌법이 행복추구권을 보장하고 있지만, 그 자체만으로 실현할 수 없고 **노동을 하여야 행복할 수는 있다.** 노동이 있어야 그 대가로 받는 임금으로 필요한 생활을 위한 소비를 할 수 있으며, 저축을 통하여 장래를 설계할 수 있

---

1) 박승두, 「노동법개론」 (1995), 45~46면.

다. 노동은 그 준비과정, 그 실행과정, 그 결과 등 각 단
계별로 행복을 가져다 준다. 이처럼 노동은 **행복의 필수
요소**이기 때문에 헌법은 모든 국민에게 근로의 권리를 부
여하고 있다.

나. 국가에게는 발전의 원동력

노동은 국가의 발전을 위해서도 필수적이다. 산업현장
에서의 생산을 통하여 기업이 발전하고 이는 **국가발전의
기초**가 된다. 따라서 국가는 노동을 보호·존중하고 노동
자의 생활안정과 노동의 재창조를 위한 적당한 휴식을 보
장하여야 한다.

과거 역사의 경험으로 보면, 경제성장에 열중한 나머
지 아동에 대한 노동의 과중한 부과는 오히려 사망과 질
병을 초래하여 장기적으로 볼 때 국가발전에 기여할 수
없으며, 국민의 건강 및 생활의 안정을 확보하기 위하여
근로조건 개선과 사회보장정책을 펴지 않을 수 없었다.

그리고 미국에서 1920년대 경제력의 집중으로 노동자
를 비롯한 국민의 구매력이 확보되지 못하였을 때는 '경
제적 번영' 보다는 '경제공황' 이 온다는 사실을 두고
보더라도 노동자에 대한 안정된 생활의 보장이 얼마나 중
요한 문제인가를 실감하게 한다.[2]

---

2) 박승두, 「노동법개론」 (1995), 46~47면.

다. 인류에게는 문화창달의 원천

우리가 누리는 인류문화는 모두 노동의 결실이다. 이는 "인간에게 이익을 가져다주는 산물은 모두 인간의 노동의 결과로 이루어 진 것"이라는 파나이티오스(Panaitios)의 말이나 "생활필수품의 생산만이 아니라 문명의 모든 영역은 인간의 노동에 의존한다."는 키케로(Cicero)의 말[3]을 빌리지 않더라도, 우리가 지금 누리고 있는 물질적·정신적 산물은 모두 노동의 은혜라 할 수 있다.

그리고 존 로크(J. Locke)도 "모든 재산권은 노동으로 말미암아 조성된다."고 하였고, 베르그송(H. Bergson)은 "인간 즉 노동이다."고 까지 하였다.[4]

2. '노동'은 권리이면서 의무

가. 모든 국민의 권리

앞에서 본 바와 같이, 노동은 행복의 필수요소이기 때

---

3) 한정숙 역, 「노동의 역사」(1989), 12면.
4) 이길용, "서양사회의 노동의 가치관"(1984), 948면.

문에 헌법은 모든 국민에게 근로의 권리를 부여하고 있다.

즉, 헌법은 "모든 국민은 **근로의 권리**를 가진다."고 하고, 이어 "국가는 사회적·경제적 방법으로 근로자의 고용의 증진과 적정임금의 보장에 노력하여야 하며, 법률이 정하는 바에 의하여 최저임금제를 시행하여야 한다(제32조 제1항)."고 규정하고 있다. 그리고 "국가유공자·상이군경 및 전몰군경의 유가족은 법률이 정하는 바에 의하여 우선적으로 근로의 기회를 부여받는다(제32조 제6항)."고 한다.

나. 모든 국민의 의무

헌법은 "모든 국민은 **근로의 의무**를 진다."고 하고, 이어서 "국가는 근로의 의무의 내용과 조건을 민주주의 원칙에 따라 법률로 정한다(제32조 제2항)."고 규정하고 있다.

그 이유는 앞에서 본 바와 같이, 노동은 국가발전의 필수요소이며 인류문화 창달의 원동력이기 때문이다. 국가는 말할 필요도 없이, 가정에서도 가족들이 각자 맡은 바 일을 열심히 하여야 하는데, 일부 이를 게을리하는 사람이 있다면 다른 사람이 대신하여야 한다.

만약 모두가 이를 거부한다면 그 가정은 유지·발전하기가 어려울 것이다. 따라서 노동을 게을리하는 자는 사회의 무임승차자(free-riders)이다. 이에 관하여 미국의 제16대 링컨(Lincoln, Abraham) 대통령은 다음과 같이 말하였다.

노동에 종사하는 사람들은 모두 국가에 기여합니다(servers). 노동을 손상시키는 사람들은 모두 미국에 대한 반역자들(treason)입니다. 이러한 두 경우를 구분하기는 어렵습니다.

만일 어떤 사람이 당신에게 미국을 사랑하지만 노동을 싫어한다고 말한다면, 그는 거짓말쟁이(a liar)입니다. 만일 어떤 사람이 당신에게 미국을 신뢰하지만 노동을 두려워한다고 말한다면, 그는 바보(a fool)입니다. 노동없는 미국은 있을 수 없습니다.

어떤 나라도 일을 하지 않고서는 적은 수 이상의 국민을 살아가게 할 수 없습니다. 대부분의 국민들이 생산성 있는 노동을 해야 합니다.5)

헌법이 근로의 의무를 규정하고 있음에도 불구하고 다른 의무, 즉 납세의 의무(제38조), 국방의 의무(제39조 제1항), 자녀에 대하여 교육을 받게 할 의무(제31조 제2항) 등에 비하여 이를 이행한 자에 대한 보상과 반대로 이를 이행하지 아니한 자에 대한 제재 혹은 불이익이 너무 미흡하다. 따라서 이를 개선할 필요가 있다.

2. '노동'의 개념

노동법상의 '노동'은 인간의 모든 노동을 의미하지 않는다.

---

5) 오정무 역, 「세계를 감동시킨 링컨의 명언」 (2020), 55~56면.

① 먼저, 근로기준법(다음부터 '근기법'이라 한다)은 '근로자' 를 "직업의 종류와 관계없이 임금을 목적으로 사업이나 사업장에 근로를 제공하는 사람을 말한다." 고 정의한다.

② 그리고 「노동조합 및 노동관계조정법」 (다음부터 '노조법'이라 한다)도 이와 유사하게 '근로자' 를 "직업의 종류를 불문하고 임금·급료 기타 이에 준하는 수입에 의하여 생활하는 자를 말한다." 고 정의한다.

③ 또 근기법은 '근로' 을 "정신노동과 육체노동을 말한다." 고 규정한다.

이상을 종합하면, 노동법상 '노동' 은 "직업의 종류와 관계없이 임금·급료 기타 이에 준하는 수입을 목적으로 사업이나 사업장에 제공하는 정신적·육체적 활동" 이라 정의할 수 있다. 이를 학설은 대체로 '종속노동' 이라고 부른다.[6]

3. 노동법의 이념

가. 노동의 보호와 존중

인간의 역사는 노동으로부터 시작되었고 노동이 인간

---

6) 박상필, 「한국노동법」 (1993), 23면.

을 다른 동물과 차별화하여 "세계를 지배하는 거인"이
되게 하였다. 즉 노동은 자연을 변화시키는 힘이었으며,
인간에게 도구와 언어를 사용하여 보이지 않는 우리(틀)로
부터 벗어나게 하였다.[7] 따라서 우리는 이와 같이 귀중한
노동을 보호하고 존중하여야 한다.

특히 현대자본주의 사회에 있어서는 흔히 자본이나 물
질만능주의에 빠져 인간성 존중의 정신이 희박해지고 노
동없이 자본만 있으면 가치를 창조할 수 있다고 생각할
수 있다.

그러나 이는 잘못된 사고일 뿐만 아니라 위험한 생각
이다. 왜냐하면 자본이 가치를 창조할 수 있는 것도 결국
은 노동이 이를 뒷받침해 주기 때문이다.

이에 관하여 미국의 제16대 링컨(Lincoln, Abraham) 대통령
은 다음과 같이 말하였다.

노동은 자본보다 우선이고(prior), 자본과는 별도의 위치에 있습니
다. 자본은 노동의 결실일 뿐이며, 노동이 먼저 존재하지 않았더
라면 결코 존재하지 못하였을 것입니다.
노동은 자본보다 우위이며(superior), 한층 더 높은 배려를 받아
마땅합니다. 자본도 권리를 가지고 있으며, 여느 다른 권리들과
마찬가지로 보호를 받을 가치가 있습니다.[8]

---

7) 조성오 편저, 「인간의 역사」 (1994), 29면.
8) 오정무 역, 「세계를 감동시킨 링컨의 명언」 (2020), 54~55면.

그리고 물질중심의 사고는 인생의 목적보다 오히려 수단을 중시하는 것으로 침몰하는 배위에서 도박판을 벌이는 것과 같이 어리석은 일이다.

노동이 인류문화 창달의 원동력이고 존엄성을 가진 인간의 생산품이라 생각할 때 노동의 소중함을 인식하고 이를 보호 존중하여야 함은 물론, 나아가 인간존중의 정신을 확립하여야 할 것이다.[9]

구체적으로는 노동에 대한 보호와 존중을 위하여 ① 인간다운 생활을 위하여 **필요한 최소한의 기본적인 근로조건은 국가가 법으로 보장**하여야 하고, ② **그 이상은 스스로의 힘으로 향상**시킬 수 있도록 단결권을 보장하여야 한다. 이러한 노동을 보호하고 존중하는 것이 노동법의 이념이다.

나. 노동자의 인간다운 생활권 보장

프랑스 대혁명 등 시민들의 노력으로 인간의 존엄성을 인정하지 않았던 봉건제도를 타파하고 모든 인간에게 자유와 평등을 보장하고 이를 실현하기 위한 국민의 기본적 인권보장을 이룩하였다.

시민법은 "현실적인 불평등한 인간"을 전제로 하지 않고 "이념적으로 평등한 인간상"을 전제로 소유권절대

---

9) 박승두, 「노동법의 재조명」 (1994), 59면.

의 원칙과 계약자유의 원칙을 확립하였다.

그러나 자유와 평등을 이념으로 하는 시민법원리, 특히 계약자유의 원칙은 자본주의의 성장과 더불어 현실적으로 강자와 약자로 나누어지게 되었다. 그리고 강자와 약자간의 계약은 형식상 자유스럽게 평등하게 행해졌으나, 그 계약내용은 **차별적이거나 불공평한 경우**가 많았다. 따라서 당초 모든 인간에게 부여되었던 '자유'와 '평등'은 결국 강자의 약자에 대한 지배를 통하여, 약자는 강제되고 예속되어 '부자유'와 '불평등'으로 변하게 되었다.

따라서 봉건제도를 타파하고 모든 인간에게 자유와 평등을 가져다주어 최고의 법으로 인식되었던 시민법은 자본주의 경제의 성숙과 함께 그 법원리를 수정할 수밖에 없게 되었다.[10]

그 결과 근대 시민법에서 보장한 자유와 평등에 추가하여 새롭게 최소한의 '인간다운 생활권'을 보장하여야 한다는 주장이 나오게 되었다. 이러한 노력은 무엇보다도 당사자인 노동자[11]들에 의하여 행하여졌다.

---

10) 박승두, 「노동법의 역사」 (2014), 5면.

11) 우리나라에서는 헌법(제33조), 노동관계법에서 '근로자'라 표기하고 있고, 학설은 일부 '노동자'로 부르지만, 대부분 '근로자'라 부른다. 그러나 일본에서는 헌법(제28조)에서는 '근로자'로 표기하고 있지만, 노동관계법에서는 모두 '노동자'라 표기하고, 학설도 모두 '노동자'라 부른다. 이에 대하여 필자는

노동자들은 불법으로 처벌의 대상이 되어온 단결활동의 합법성을 보장받기 위하여 생명을 바쳐 투쟁하여 왔다. 그 결과 단결권[12]이 보장되었으며, 이는 노동법의 탄생을 의미하고 또 노동법의 탄생은 기존 시민법원리의 수정을 뜻한다.

시민법원리를 수정한 사회법원리는 '사회권적 기본권' [13]을 보장하고, 그 기초이념은 '인간다운 생활을 할 권리'이다. 헌법은 제34조 제1항에서 "모든 국민은 인간다운 생활을 할 권리를 가진다."고 하고, 제2항에서는 "국가는 사회보장, 사회복지의 증진에 노력할 의무를 진다."고 규정하고 있다. 따라서 모든 국민은 인간다운 생활을 할 권리를 가지며 이는 국가의 의무를 전제하고 있다고 할 수 있다.

'노동'의 가치, 헌법에서 보장한 '노동3권', '노동'조합, '노동'절 등의 용어에서 볼 때, '노동자'라 부르는 것이 타당하다고 생각한다. 이를 '근로자'라 부르는 것은 과거 권위주의 정부에서 '노동절'을 '근로자의 날'로 칭한 것과 동일하다고 본다. 따라서 다음부터 법률의 조문이나 학설의 인용에서는 '근로자' 등 원래의 표현을 사용하고, 필자의 주장을 담은 글에는 '노동자'라 표기하고자 한다.

12) 단결권의 개념은 광의와 협의로 나누어지는데, 전자는 협의의 단결권과 단체교섭권, 단체행동권 등 노동3권을 통칭하는 개념이다.

13) 이를 학자에 따라 '사회권적 기본권'(권영성), '생존권적 기본권'(김철수), '생활권적 기본권'(문흥주) 등으로 불리어 진다. 다음부터 '사회권적 기본권'이라 한다.

그리고 우리나라 헌법 제10조에서는 "모든 국민은 인간으로서의 존엄과 가치를 가지며, 행복을 추구할 권리를 가진다. 국가는 개인이 가지는 불가침의 기본적 인권을 확인하고 이를 보장할 의무를 진다."고 규정하고 있다.

이러한 행복추구권은 모든 국민에게 보장된 것이므로 노동자도 당연히 행복을 추구할 권리를 가진다. 더구나 노동자는 일반적으로 사회적·경제적 약자의 지위에 있으므로 스스로의 힘으로 행복을 추구하기 어려운 입장에 있을 뿐만 아니라, 타인 특히 사용자로부터 행복을 침해받을 가능성이 크기 때문에, 국가정책적인 견지에서 더욱 더 철저한 보호가 필요하다.[14]

다. 노동기본권의 보장

앞에서 설명한 바와 같이, 노동자에게 인간다운 생활권과 행복추구권을 보장하고 있지만 그것만으로는 부족하고, 최소한의 기본적인 근로조건은 법으로 보장하고 그 이상을 스스로의 힘으로 실현할 수 있도록 단결권을 부여해 주어야 한다.

따라서 노동기본권은 헌법에서 보장하고 있고 사회법원리의 기본이념이 되고 있는 노동자의 인간다운 생활권과 모든 인간의 가장 기초적인 권리에 해당하는 행복추구권을

---

14) 박승두, 「노동법의 역사」 (2014), 8면.

실현하기 위하여 노동자들에게만 특별히 부여한 권리라고 할 수 있다.

이 노동기본권의 가장 핵심적인 권리는 크게 보면, ① **국가가 모두에게 기본으로 깔아주는 권리**와 ② **사용자와 협상하여 얻어내는 권리**로 나눌 수 있다.

전자에 속하는 것으로는 근로의 권리, 산재보상청구권, 안전과 보건청구권, 실업보상청구권 등이며, 후자에 속하는 것으로는 단결권, 즉 노동3권이다. 그리고 이러한 노동기본권을 침해한 행위에 대한 규제와 그 피해자에 대한 구제절차를 규정하고 있다.

라. 노동관계의 발전과 산업평화의 지향

노동법은 노동기본권의 보장에 머무르지 않고 노동관계의 건전한 발전을 위한 여러 가지 규정을 두고 있다. 이는 노사 당사자의 자율성 보장, 노동조합의 민주적 운영, 노동자와 노동조합과의 관계, 노동자 상호간의 관계 등에 있어서 건전하고 합리적인 관행을 유지·발전시킴으로써 우리나라의 노동관계의 발전에 기여하고자 함을 목적으로 한다.

노동법은 앞에서 설명한 바와 같이 노동자들의 투쟁으로 이룩한 법이라 할 수 있다. 그러나 앞으로 새로운 노동법의 제정이나 개정을 모두 노동자의 투쟁이 있을 때까지 기다린다는 것은 어불성설이다. 노동법 자체가 향후 **건전한 노동관계의 방향을 정립**하여야 할 것이며 사회의 조화와 발전에 기여하여야 할 것이다.

그리고 노동법은 노동관계의 건전한 발전을 통하여 산업평화의 안정에 기여하고자 함을 목적으로 한다. 역사적으로 노동법은 노동자의 투쟁으로 생성·발전되어 왔다는 점을 부인할 수 없지만, 이제 **산업의 평화와 국가의 경제발전**을 위하여 국가가 합리적인 노동정책을 수립하고 시행해 나가야 한다.15)

마. 경제위기 극복과 사회발전에 기여

우리나라는 IMF로부터의 긴급유동성 지원16) 이후 연쇄적인 기업의 부도, 개인의 파산, 실업의 증가 등으로 국가적인 위기상황을 맞이하게 되었다.

따라서 국가의 안정을 위하여는 노동법과 사회보장법을 개정하여 사회적 통합을 적극 추진하여야 할 필요성이 제기되었다.

---

15) 박승두, 「노동법의 역사」 (2014), 12~13면.

16) 한보사태 이후 기업의 도산이 계속되었고 국가의 유동성 부족사태에까지 이르게 되자 결국 국제통화기금(IMF)에 긴급구제금융을 요청하게 되었고, 1997년 12월 3일 정부와 IMF는 주변국 협조융자를 포함하여 550억 달러 이상의 긴급자금을 우리나라에 지원하기로 합의하였다.

이러한 위기상황을 극복하기 위하여 1998년 2월 6일 노사정위원회의 합의를 어렵게 이루어낸 후 이를 반영한 노동법 개정안이 1998년 2월 14일 밤 국회를 통과하였으며 1998년 2월 20일 공포되었다.

물론 기업의 구조조정을 원활화하는 것은 제1차적으로는 노동법의 과제가 아니다. 왜냐하면 기업의 구조조정을 원활화하기 위하여는 상법상 기업의 합병·분할제도의 개선, 「채무자 회생 및 파산에 관한 법률」(다음부터 '채무자회생법'이라 한다)에 의한 회생가능기업의 신속한 회생 지원, 한계기업의 조기퇴출, 채권자에 대한 효율적인 변제 등이 필요하고, 노동자의 희망퇴직이나 정리해고 등이 요구되는 경우도 많기 때문이다.

그러나 국가경쟁력의 제고를 위한 노동법상의 규제완화와 **기업의 구조조정을 원활화**하기 위한 정리해고의 실시 등이 불가피하기 때문에, 노동법에서도 기업의 구조조정이 원활히 추진될 수 있도록 지원하기 위한 노력이 필요하다.[17]

이상을 정리하면, 기업의 구조조정을 원활히 하기 위하여 일정부분 노동자의 희생이 필요하지만 이를 통하여 기업의 파산을 막고 회생을 성공적으로 이룬다면, 노동자의 안정된 일자리를 다시 보장하게 되고 국가의 경제위기 극복과 사회발전에도 기여하게 된다.

---

17) 박승두, 「노동법의 역사」(2014), 13~16면.

4. 노동법의 개념

가. 노동기본권 행사의 구체화

헌법은 다음과 같이 단결권을 포함한 여러 가지 노동자의 노동기본권을 보장하고 있다.

즉, ① 인간의 존엄과 가치 및 행복추구권(제10조) ② 인간다운 생활권(제34조 제1항) ③ 사회보장·사회복지 증진의무(제34조 제2항) ④ 단결권(노동3권, 제33조 제1항) ⑤ 근로의 권리와 고용증진·적정임금의 보장·최저임금제(제32조 제1항) ⑥ 근로조건에 있어서 인간의 존엄성 보장(제32조 제3항) ⑦ 여자에 대한 특별보호 및 차별금지(제32조 제4항) ⑧ 연소자에 대한 특별보호(제32조 제5항) ⑨ 국가유공자·상이군경 및 전몰군경의 유가족에 대한 우선적 근로기회의 부여(제32조 제6항) 등이다.

그리고 노동법은 헌법에서 보장한 이러한 노동기본권의 구체적인 내용, 그리고 그 행사의 절차와 방법을 규정하여야 할 의무를 진다.

그리고 노동자가 가지는 노동기본권의 행사에 있어서는 노동법의 규정이 기준이 되지만, 항상 헌법과의 관계에서 조화를 이룰 수 있는 방향으로 해석하여야 한다. 그러므로 헌법정신에 위배되는 노동법의 규정은 효력을 가질 수 없다.

나. 노동기본권 침해행위의 규제

노동기본권의 보장만으로는 노동법의 이념을 실현할 수 없고, 반드시 이러한 권리를 침해한 행위에 대한 규제와 피해에 대한 구제가 효율적으로 이루어져야만 한다.

따라서 노동법은 모두 그 위반자를 처벌하고 있고, 특히 노조법은 **노동자의 단결권을 침해한 사용자의 행위를 '부당노동행위'**(제81조)**로 규제**하고 있다.

다. 노동법의 범위

노동법의 범위는 크게 세 가지로 나누어 볼 수 있다.

먼저, **좁은 범위**(작은 노동법)는 ① 먼저 모두에게 국가가 기본으로 깔아주는 권리를 보장한 법률(기본법)의 대표인 근로기준법(다음부터 '근기법'이라 한다)과 최저임금법(다음부터 '최임법'이라 한다)이 있다.

② 그리고 사용자와 협상하여 얻어내는 권리를 보장한 법률(협상법)의 대표인 「노동조합 및 노동관계조정법」(다음부터 '노조법'이라 한다)과 「근로자참여 및 협력증진에 관한 법률」(다음

부터 '근참법'이라 한다)이 있다.

③ 마지막으로 국가가 제3자로서 노동관계를 합리적이고 공정하게 심판하기 위한 법률(심판법)로 노동위원회법(다음부터 '노위법'이라 한다)이 있다.

그 다음 **중간 범위**(**중간 노동법**)는 여기에 ① 모두에게 국가가 기본으로 깔아주는 권리를 보장한 법률(기본법)인 「남녀고용평등과 일·가정 양립 지원에 관한 법률」(다음부터 '고평법'이라 한다), 산업재해보상보험법(다음부터 '산재법'이라 한다), 고용보험법(다음부터 '고보법'이라 한다)을 더한다.

② 그리고 사용자와 협상하여 얻어내는 권리를 보장한 법률(협상법)인 공무원노조법(다음부터 '공노법'이라 한다),[18] 교원노조법(다음부터 '교노법'이라 한다),[19]을 합한 것이다.

마지막 **넓은 범위**(**큰 노동법**)는 여기에 모두에게 국가가 기본으로 깔아주는 권리를 보장한 법률(기본법)인 「기간제 및 단시간근로자 보호 등에 관한 법률」(다음부터 '기단법'이라 한다), 「파견근로자 보호 등에 관한 법률」(다음부터 '파견법'이라 한다), 산업안전보건법(다음부터 '산안법'이라 한다), 임금채권보장법(다음부터 '임보법'이라 한다), 「근로자퇴직급여 보장법」(다음부터 '근퇴법'이라 한다) 등을 추가한 것이다.

---

18) 이 법의 정식명칭은 「공무원의 노동조합 설립 및 운영 등에 관한 법률」이다.

19) 이 법의 정식명칭은 「교원의 노동조합 설립 및 운영 등에 관한 법률」이다.

이를 정리하면, 아래 〈표 1〉과 같다.

〈표 1〉 노동법의 범위

구 분	작은 노동법		중간 노동법		큰 노동법	
3단계	-		-		기본법	기단법, 파견법 산안법, 임보법 근퇴법 등
2단계	-		협상법	공노법 교노법	(좌 동)	
			기본법	고평법 산재법 고보법		
1단계	심판법	노위법	(좌 동)		(좌 동)	
	협상법	노조법 근참법				
	기본법	근기법 최임법				

이처럼 '노동법'의 범위는 보는 관점에 따라 다양하게 정의할 수 있으며, 필자도 권리의 보호를 위하여는 최대한 넓게 해석하는 것이 바람직하다고 생각한다. 그러나 이 책은 일반인이 알아야 할 기본적인 사항에 국한하였으므로, '작은 노동법'만 설명하였다.

제 2 절 노동법은 어떻게 탄생하고 발전하여 왔나?

1. 노예제도

영국에서는 1066년 노르만 정복에 의하여 집권적 봉건제가 수입되면서,[20] 장원에 예속된 농노(villein) 혹은 노예(servant, serf)제도가 생겼다.

미국에서는 1619년 아프리카에서 흑인들이 노예로 팔려오기 시작하였다.

일본에서는 1300년부터 1600년 사이에 무사영주들이 통치하였고, 이들을 제외한 대다수는 농노에 해당하였다.[21]

우리나라에서도 고려시대까지 양민과 천민으로 신분이 구별되어 오다가 조선시대에는 신분제도가 더욱 분화되어

---

20) 유재건·한정숙 공역, 「고대에서 봉건제로의 이행」 (1994), 171면.
21) 양필승, 나행주 옮김, 「일본의 봉건제」 (1991), 32면.

양반(兩班), 중인(中人), 양인(良人), 천민(賤民) 등으로 구분되었으며, 천민에는 노비,[22] 광대, 백정, 사당, 무격 등이 해당되었다.

이러한 제도는 영국에서는 산업혁명(1760~1830년), 미국에서는 남북전쟁(1861~1865년), 일본에서는 메이지 유신(1868년), 우리나라에서는 갑오경장(1894년)에 의하여 폐지되었다.[23]

2. 단결활동의 시작과 이에 대한 처벌

영국에서는 노동자의 단결활동을 처음에는 근거법률이 없는 상태에서 '형사공모죄(conspiracy)'로 처벌해 오다가, 단결을 금지하는 법[24]을 제정하였다.[25]

미국에서도 영국과 마찬가지로 노동자의 단결활동을 공모죄(conspiracy)로 처벌하였지만, 영국과 다른 점은 처벌의 근거법률을 제정하지 않았다는 점이다.

---

22) 노비는 노예와는 달리, 전답이나 집 등 재산과 자신의 노비도 소유 및 상속할 수 있는 권리가 있었으며, 국가로부터 신체·생명의 보호를 받고 있었다: 전형택, 「조선후기 노비신분연구」(1994), 156면.

23) 전형택, 「조선후기 노비신분연구」(1994), 228~266면.

24) 구체적인 내용은 1349년의 노동자칙령, 1563년의 직인(도제)규제법(The Statute fo Artificers : The Stature of Apprentices), 1799년 및 1800년의 단결금지법(Combination Act) 등이다.

25) 戒能通孝, "イギリスにおける團結權"(1950), 15면.

일본에서도 메이지 정부는 치안경찰법(1900.3.10)을 노동자의 활동을 탄압하는 수단으로 활용하였다.

강제합병 이후 **우리나라**에서도 일제는 단결활동을 금지하는 근거 법률을 제정하지 않았지만, 치안경찰법(1900)과 치안유지법(1925)을 활용하여 단결을 탄압하였다.26)

3. 노동자들의 투쟁

노동자의 단결활동에 대한 탄압이 계속되었음에도 불구하고, 노동자들은 투쟁을 계속하여 왔다.

먼저, **영국**에서는 ① 단결금지법 폐지투쟁 ② 1811년 기계파괴운동27) ③ 보통선거권 획득운동(chartist movement) 등을 전개하였다. 그리고 1868년 노동조합의 연합체인 '노동조합회의(Trade Union Congress, TUC)'를 결성하여 노동자의 단결활동에 대한 합법성 쟁취투쟁에 나섰다.28)

---

26) 김경일, 「일제하 노동운동사」 (1992), 476면.

27) 1811년 노팅검에서 정체불명의 장군 네드 러드(Ned Ludd)가 보낸 협박장이 발견되고, 야간에 고용주의 편직기를 파괴하는 사건이 발생하였고, 이는 요크셔, 랭카셔 등의 지역으로 확대되었다. 이를 협박장에 적힌 이름을 따서 러다이트(Luddite)운동이라고도 한다; 이영석 옮김, 「영국민중사」 (1991), 240면.

28) 박홍규 옮김. 「영국노동운동의 역사」 (1992), 86~88면.

미국의 노동조합은 1776년 독립 이후 설립되기 시작하였으며,[29] 남북전쟁 후 노동운동이 안정적으로 발전하여 1866년에는 최초의 전국적 노조본부로서 '전국노동조합(National Labor Union)'[30]을 결성하였다.

그리고 1881년에 '전국노동조합연합회'를 결성하였고,[31] 이는 1886년에 '미국노동총동맹(American Federation of Labor, AFL)'으로 발전하였다. 이 시기 노동자들은 최초의 장기파업인 펜실베니아 무연탄탄광(1874년 12월 ~ 1875년 6월)을 시작으로 역사상 노동쟁의를 가장 극렬하게 전개하였다.

일본에서는 메이지 유신의 첫 해부터 전국의 광산에서 쟁의행위가 일어나기 시작하였으며, 일본의 노동운동도 이때부터 시작되었다.[32]

일본은 1931년 만주사변[33]을 시작으로 제2차 세계대전의 패전(1945. 8. 15)까지 약 15년 동안 전쟁의 수렁에 빠지게

---

29) Daugherty, *Labor Problems in American Industry*(1936), 428면.

30) 이는 조직 내부의 통일유지에 실패하여 6년만에 소멸되고 만다. 이어서 1873년에는 경제불황과 공황을 계기로 '노동기사단'이라는 특이한 형태가 조직되었다.

31) 山本隆道 譯, 「アメリカの勞働組合」(1979), 41~43면.

32) 우철민 옮김, 「일본노동운동사」(1985), 24면.

33) 일본은 1931년 9월 18일 중국에 주둔한 관동군이 중국의 만주지방을 침략하여 1932년 만주국을 세웠고, 이어서 1937년 중일전쟁, 1941년 태평양전쟁 등을 일으켜 경찰국가에서 전쟁국가로 변신하게 된다.

된다. 1938년에는 노무, 물자, 물가 등의 정책을 정부의 통제하에 두기 위하여 국가총동원법[34]을 제정하였다.[35] 그 결과 일본에서 노동조합활동은 1945년경에는 거의 소멸되었다.

우리나라에서도 1800년대 말에 노동조합이 조직되기 시작하였다.[36] 강제합병 이후에는 일제의 자본수탈과 노동착취에 대항하여 투쟁하였고, 1920년대에는 전국적 규모의 노동자조직이 결성되기 시작하였는데,[37] 이들은 노동쟁의를 조직적으로 전개하였다.[38]

---

34) 이 법은 일본뿐만 아니라 조선과 대만에서도 동시에 시행하였다.

35) 石井照久, 「勞働法總論」 (1985), 53~54면.

36) 1898년 성진에서는 이규순이 47명의 부두노동자들로 우리나라 최초로 노동조합을 조직하였다: 김윤환, 「한국노동운동사(Ⅰ)-일제하편」 (1982), 39면.

37) 주요 단체는 ① 조선노동공제회(朝鮮勞動共濟會) ② 조선노동대회(朝鮮勞動大會) ③ 조선노동연맹회(朝鮮勞動聯盟會) ④ 조선노농총동맹(朝鮮勞農總同盟) ⑤ 조선노동총동맹(朝鮮勞動總同盟) ⑥ 신간회(新幹會) 등이다.

38) 주요 내용은, 부두노동자파업(1921), 경성 인력거노동자파업(1921), 경성양화직공의 동맹휴업(1922), 경성 고목여직공파업(1923), 평양 양말직공파업(1923), 인천 및 군산의 정미소직공파업(1923) 등이다: 김윤환, 「한국노동운동사(Ⅰ)-일제하편」 (1982), 97~110면.

4. 단결권의 보장

가. 영국

노동자들의 오랜 투쟁의 결과 단결권을 법적으로 보장하게 되었다.

먼저 영국에서는 **1871년 노동조합법**을 제정하여 처음으로 노동조합의 단결권을 법률로써 보장하였다.[39]

이어서 1875년 형사면책을 규정한 「공모죄 및 재산보호법」(Conspiracy and protection of Property Act), 1906년 민사면책을 규정한 노동쟁의법,[40] 1971년 최초로 부당노동행위제도가 신설한 「노동관계법」(Industrial Relations Act), 1974년 부당해고를 규정한 「노동조합과 노동관계법」(Ttade Union and Labour Relations Act) 등으로 발전하여 왔다.[41] 한편, 노동조합

---

39) 1870년대는 노동자들의 적극적인 노력으로 노동조합법, 공모죄 및 재산보호법이 제정되어 단결권보장이 합법화되었으므로, 영국 노동운동 사상 획기적인 시대로 평가된다: 岡田與好, 「イギリス初期勞働立法の歷史的展開」(1970), 274~278면.

40) 이 법의 정식명칭은 '노동조합 및 노동쟁의를 규제하기 위한 법률(An Act to provide for the Regulation of Trade Unions and Trade Disputes)'이며, 이 법의 주요 목적은 노동쟁의에 관한 불법행위책임을 제거하기 위한 것이다.

은 1900년 의회위원회(Parliamentary Committee)를 결성하고 1906년에는 이를 노동당(Labor Party)으로 개칭하여 정치적 활동을 강화하였다.

나. 미국

미국에서는 1929년 경제공황을 극복하기 위하여 1933년 취임한 미국의 제32대 루즈벨트 대통령(Franklin Delano Roosevelt)은 긴급은행구제법[42]을 시작으로 새로운 강력한 경제회복정책 즉, 뉴딜(New Deal)정책[43]을 펴기 시작하였다.[44]

그리고 1933년 제정된 **산업부흥법**(National Industrial Recovery Act, NIRA)은 노동자의 노동3권을 보장하고(제7조 a항), 이를 침해하는 사용자의 행위를 부당노동행위로 처벌하였다(제8조).

그리고 1935년 제정된 **전국노동관계법**(National Labor Relations Act, NLRA, Wagner Act, 와그너법)[45]은 노동3권의 보장을

---

41) 安枝英神, "諸外國の不當勞働行爲制度-イギリス"(1982), 78~80면.

42) 이 법은 회생가능한 은행의 파산을 막기 위하여 자금을 지원하였으며, 우리나라도 IMF 이후 은행의 합병 등 구조조정과 함께 공적자금을 지원하여 회생시킨 바 있다.

43) 대표적으로, 산업부흥법, 전국노동관계법(와그너법), 사회보장법, 공정노동기준법, 농업조정법(農業調整法) 등이 제정되었다.

44) 이영범, 「미국노동운동사」(1992), 146면.

강화하고(제7조 a항), 부당노동행위제도를 체계화시켰으며(제8조), 이 법을 집행하기 위한 기구로 '전국노동관계국(National Labor Relations Board, NLRB)'을 창설하였다(제3조).46)

한편 AFL의 비숙련 노동자들은 1935년 '산업별조합위원회'(Committee for Industrial Organization)의 결성에 착수하고 1938년에는 이를 '산업별조합회의'(Congress of Industrial Organization, CIO)로 개칭하여 독립적인 전국협의회를 구성하였다. 그 후 미국의 노동운동은 AFL과 CIO의 대립관계를 가지게 되었다.

그러나 '전국노사관계법(National Labor-Management Relations Act', Taft-Hartley Act, 테프트-하틀리법)47)의 제정에 대한 반대투쟁을 공동으로 전개하면서, 두 단체는 1955년 결합하여 현재의 미국노총인 **'미국노동총동맹-산업별조합회의'** (AFL-CIO)가 되었다.

---

45) 이 법이 상원의원 Wagner에 의해 제안되었다고 하여, 일반적으로 '와그너법'으로 더 유명하다.

46) 뉴딜정책을 노동조합으로 자본주의를 구한 것으로 평가하는 견해도 있다; 신은종, 「노사관계 역사 200년」(2010), 122면.

47) 이 법은 와그너법의 개정법에 해당하며, 상원의원 Robert A. Taft에 의하여 제안된 법안과 하원의원 Fred Hartley에 의해 제안되어 하원을 통과한 후 상원에 제출된 법안이 법안심의과정에서 서로 결합하여 하나의 법률로 통과되었으므로, 일반적으로 두 의원의 이름을 따서 '태프드-하틀리법'이라고 부른다.

다. 일본

일본에는 제2차 세계대전의 패배(1945.7.26.) 후 미군을 주력으로 하는 연합군의 통치하에 들어가게 되었으며, '연합국 최고사령부관 총사령부' 48)가 설치되었다.

그리고 헌법이 제정(1946.11.3 공포, 1947.5.3 시행)되기도 전에 **노동조합법**이 먼저 제정(1945.12.21 공포, 1946.3.1 시행) 되었다. 그리고 1946년 9월 노동관계조정법이 제정되었는데, 이는 노동쟁의를 규제하기 위한 것이었다.

1947년 4월에는 근기법이 제정되어 최저근로조건이 보장되었지만, 이후 계속적으로 노동법은 악화되었다. 1950년 **우리나라의 6·25 전쟁**은 일본의 산업과 경제를 부흥시키는 절대적인 회생약이 되었다.49)

노동조합은 1950년 7월 11일 '일본노동조합총평의회(日本勞働組合總評議會, 총평)'가 결성되었지만, 1964년 11월 이에 대항하는 조직으로 '전일본노동총동맹(동맹)'을 결성하였다.

---

48) 이의 원명은 "General Head-Quarters to the Supreme Commander for the Allied Powers"이며, 일반적으로 이를 줄여서 'GHQ'라 한다.

49) 우리나라의 6·25 전쟁은 패전후 불황 속에서 허덕이던 일본 독점자본에게는 천우신조의 신풍(神風)과 같은 경제회생약이 되었다: 犬丸義一 外,「戰後日本勞働運動史」(1989), 137면.

1982년 12월 '전일본민간노조협의회'가 결성되어 민간노조의 총연합회 결성을 목표로 함에 따라 1987년 11월 '동맹'과 '중립노련'이 해체되고 '전일본민간노동조합협의회(연합)'가 결성되었다.

1987년 '연합'이 결성됨에 따라 노동계는 공무원·공공기업체노조 중심의 '총평'과 민간기업노조 연합체인 '연합'이 주도하게 되었다.

그 후 노동계의 통합 움직임이 구체화되어 '총평'이 1989년 11월 해산하여 1989년 '연합'과 통합하여 현재 일본노총에 해당하는 '일본노동조합총연합회'(신연합)가 결성되었다.

라. 한국

해방을 맞이하여 노동운동이 활발해져 1945년 11월 16일 '조선노동조합 전국평의회(전평)'가 결성되어 중심 역할을 수행해 왔다.

그러나 이승만 정권은 1946년 3월 10일[50] '대한독립촉

---

50) 앞에서 본 바와 같이, 우리나라에서는 1945년 8·15광복 후 5월 1일을 노동절로 기념했으나, 1963년 4월 17일 「근로자의 날 제정에 관한 법률」이 제정되어 '대한독립촉성 노동총동맹(대한노총)' 창설일인 3월 10일을 노동절 대신 '근로자의 날'(근기법에 의한 유급휴일)로 정하였다가, 1994년 3월 9일 개정하여 다시 5월 1일을 '근로자의 날'(근기법에 의한 유급휴일)로 정하

성 노동총동맹(대한노총)'이라는 우익 노동단체를 조직하여
이에 대항하였다. 양자의 대결은 대한노총의 승리로 돌아
갔으며, 대한노총은 노동조합이라기 보다는 이승만의 정
권을 유지시키는 정치단체의 성격이 강했다.

1953년 3월 8일에 **노동3법**, 즉 노동조합법(법률 제280호),
노동쟁의조정법(법률 제279호), 노동위원회법(법률 제281호)이 제정
되었고,51) 같은 해 5월 10일 **근기법**(법률 제286호)이 제정되어,
이른 바 **노동4법** 체제가 갖추어졌다.

그러나 박정희, 전두환 군사정권을 거치는 동안에 노
동법은 계속 악화되어 왔으며, 1987년 6월 항쟁은 민주화
선언(6·29 선언)을 이끌어 내고, 이후 1987년 10월 노조법을
일부 개선하였는데, ① 노동조합의 설립형태와 설립인원
에 관한 규정을 삭제하고,52) ② 변형된 형태로나마 유니
온 숍제도53)를 부활시켰다.

였다.

51) 이 세 가지 법률은 동일자 제정되었지만, 법률번호는 노동
    조합법보다 노동쟁의조정법이 먼저이다. 이는 당시 6·25전쟁
    중임에도 불구하고 격렬한 노동쟁의가 발생하여 노동쟁의의
    조정과 중재가 더욱 시급한 상황이었던 것으로 추정된다.

52) 과거의 노동조합법에서는 기업별 노조형태만 허용되
    고, 노동자 30인 이상이나 전체 20% 이상이 가입해
    야만 노조가 설립될 수 있도록 제한하고 있었으나,
    이를 폐지하였다.

53) 개정법은 해당 사업장 노동자의 2/3 이상이 노조원
    인 상태에서 단체협약에 의해 유니온 숍에 대한 합의

그리고 1989년 5월 28일 교직원들이 전국교직원노동조합(전교조)을 창립하였고, 한국노총의 단일 노총체제에 반대해 온 노동자들이 1995년 11월 11일 '전국민주노동조합총연맹(민주노총)'을 창립하였다.

그리고 김영삼 정권에서는 여당인 신한국당 155명의 의원이 1996년 12월 26일 새벽 6시에 전격적으로 노동법개정안 등 11개 법안을 상정해 7분만에 처리하였고, 이를 1996년 12월 31일 공포하여 1997년 3월 1일부터 시행하도록 하였다.[54] 그러나 노동조합의 반대투쟁에 직면하여, 1997년 3월 13일 1996년법을 폐지하고[55] 1997년법을 새로이 제정하는 형식을 취하였다.[56]

1998년 2월 25일 취임한 김대중 정부에 들어서는 1999년 1월 29일, 교원노조가 설립된 지 9년 8개월만에 이를

가 성립된 경우에는 모든 노동자가 자동적으로 조합원이 될 수 있도록 규정하였다.

54) 이를 이른 바 '날치기 노동법'이라 하며, 2개 법률의 제정안(노동조합및노동관계조정법, 건설근로자의 고용개선등에 관한 법률)과 4개 법률의 개정안(근기법, 노동위원회법, 노사협의회법, 산업안전보건법) 등 6개 법안이었다.

55) 1996년 12월 26일 국회 의결절차에 대하여 유·무효의 논란이 있으므로 이를 폐지하고 새로운 법을 마련하기 위하여, 근기법, 노동조합및노동관계조정법, 노동위원회법, 근로자참여및협력증진에관한법률 등 5개법안을 폐지하였다.

56) 같은 날 근기법, 노동조합및노동관계조정법, 노동위원회법, 근로자참여및협력증진에관한법률 등 5개법안을 제정하였다.

합법화하는 교원노조법을 제정하였다.

그리고 2003년 2월 25일 출범한 노무현 정부는 '사회
통합적 노사관계'를 정책방향으로 제시하였으며, 2005년
1월 27일 공무원노조법을 제정하였다. 2006년 9월 11일
노사관계 선진화 입법에 대한 '노사정 대타협'을 도출
하였으며,57) 이를 토대로 노조법, 근기법, 노동위원회법
등 관련 법안에 대한 입법 절차를 진행하여 2006년 12월
22일 국회의 의결을 거쳐 12월 30일 공포하였다.58)

앞에서 본 1997년법은 노조법 최고의 쟁점사항인 노조
전임자 임금지급 금지와 복수노조 허용을 규정하면서,
2001년 12월 31일까지 시행을 유예하였다. 2001년에는 다
시 2006년 12월 31일까지 유예하였고, 2006년에는 또 다
시 2009년 12월 31일까지 유예하였다.

---

57) 노사정 합의의 주요 내용은 ① 직권중재제도 및 제3자 지
    원신고제도 폐지 ② 필수 공익사업 대체근로 허용 ③ 근로조
    건의 서면 명시 ④ 부당해고 형사처벌 폐지 ⑤ 이행강제금
    도입 등으로 노사관계 로드맵의 중요한 진전을 이루는 것이
    었다. 다만, 기업단위 복수노조, 노조전임자 급여지원 금지
    규정의 시행은 준비기간을 두어 3년간 유예한 바, 유예기간
    중 노사정은 기업단위 복수노조 허용시 혼란 최소화 방안,
    노조 스스로 전임자 급여를 부담할 수 있는 재정자립 방안에
    대해 노사정위에서 집중 논의키로 하여 산업현장은 물론 경
    제·사회에 미치는 충격을 최소화하도록 하였다.

58) 박승두, "노동법 제정 60주년의 시점에서 본 노·사·정의 역
    할"(2014), 117면.

이를 요약하면, ① 신노사관계 구상 발표(1994) → ② 노동법 날치기 입법(1996) → ③ 노동계의 반대투쟁(1996 ~1997) → ④ 여야합의 입법(1997) → ⑤ 쟁점사항 시행 연기 (2001) → ⑥ 노사관계 로드맵의 추진(2003) → ⑦ 쟁점사항 시행 연기(2006) → ⑧ 정부의 강행 추진(2009) → ⑨ 노동계 의 반대투쟁(2009) → ⑩ 입법강행 실패(2009) → ⑪ 입법강 행 및 쟁점사항 시행(유예기간 설정)(2010)의 악순환을 되풀이하 여 왔다.

2008년 2월 25일 취임한 이명박 정권은 2009년에 이 문제를 종결짓기 위하여 노력하였지만, 정부와 노동계, 경 영계의 의견조율에 실패하여 성사되지 못하였다. 이런 와 중에 개정안이 국회에 제출되었지만, 여야의 극심한 대립 으로 의결되지 못한 채 유예기간의 만료일인 2009년 12월 31일이 끝나고 2010년을 맞이하게 되자 1월 1일 부랴부랴 개정하게 된 것이다.59)

---

59) 2010년 개정법의 내용은 ① 노조전임자 급여지급금지는 2010년 6월 30일까지 유예하여 2010년 7월 1일부터 시행하 고(노조법 부칙 제8조), 대신 근로시간면제제도를 도입하였다. ② 복수노조 허용은 2011년 6월 30일까지 유예하여 2011년 7 월 1일부터 시행하도록 하였다(노조법 부칙 제7조 제1항). 단, 2009 년 12월 31일 기준으로 하나의 사업 또는 사업장에 조직형 태를 불문하고 노동자가 설립하거나 가입한 노동조합이 2개 이상 있는 경우에 해당 사업 또는 사업장에 대하여는 2012 년 6월 30일까지 유예하였다(노조법 부칙 제6조).
그리고 단체협약에 관한 경과조치를 두어 이 법 시행일 당 시 유효한 단체협약은 이 법에 따라 체결된 것으로 보며, 단

5. 노동법의 미래

가. 격변의 시기

우리를 둘러싼 국제노동환경은 매우 복잡하고 다양하다. 또 그 파도가 유례없이 높고 크기 때문에 이에 대한 대응 여부가 노동자 개인은 물론이고 국가 전체적인 운명을 좌우할 수 있을 정도로 중요하다.

가장 영향을 크게 미칠 것으로 예상되는 것을 추려보면, ① 고령화 사회 ② 제4차 산업혁명 ③ 국제노동규범 ④ 코로나19사태 ⑤ 미중 무역전쟁 ⑥ 신자유주의 물결 등이다.

나. 고령화 대비

OECD는 고령화 시대에 대비하여 다음의 세 가지 정책방안을 제시하였다.

체협약에 보장된 노조전임자에 대하여는 이 법이 시행되더라도 해당 단체협약의 체결 당시 유효기간까지는 효력이 있도록 하였다(노조법 부칙 제3조). 또한 복수노조가 허용됨에 따라 발생이 예상되는 단체교섭의 혼란을 막기 위하여 단체교섭창구 단일화제도를 도입하였다.

① 노동공급 측면에서 고령자의 노동유인방안(rewarding work and later retirement)을 재설계할 것을 제안하였다. 구체적으로는, 기대수명에 연계하여 연금수령을 개시하도록 하는 연금제도 개선과 단계적 은퇴를 유도하는 시간제 근무제 개선을 들었다.

② 노동수요 측면에서 고령자의 고용기회 확대방안(better employment opportunities for older workers)을 제시하였다. 구체적으로는, 연령차별금지와 임금체계개편, 적절한 고용보호법제, 고령자 고용 기업에 대한 지원 등의 내용을 제시하였다.

③ 고령자 개인의 측면에서 근로생애 능력개발지원방안(promoting employability throught working lives)을 제시하였다. 구체적으로는, 직업훈련 참여기회 확대와 평가인증체계 강화 등을 들었다. 특히, 우리나라에 대하여 고령빈곤층 개선대책이 시급하다고 하였다.[60]

그러나 이상의 대비책들은 고령화 사회를 전제로 한 것이다. 더 중요한 것은 고령화율을 낮추는 방향을 찾아야 한다. 우선 출산율을 높여야 하고, 이를 위해서는 결혼유인과 출산유인을 위한 정책을 과감히 제시하여야 한다.

먼저 장애가 되는 주택문제, 양육문제, 일·가정 양립문제 등에 관하여 획기적인 방안을 모색하여야 한다.

---

60) 양현수, 「OECD 국가의 인구고령화와 고령자 고용정책」 (2019), 7~11면.

다. 제4차 산업혁명 대비

제4차 산업혁명은 소수의 핵심인재와 다수의 일반노동자로 크게 구분할 것이며, 그 격차가 현재보다 현저하게 커질 것으로 예상한다.

이는 제4차 산업혁명의 결과에 따라 노동시장에서 필요로 하는 인재는 소수에 불과하고 다수의 노동자들은 자신의 노동을 필요로 하는 곳이 없게 된다는 것이다. 즉, 노동시장에서 수요와 공급의 불균형, 부조화(mismatch) 현상이 나타나게 된다. 이 문제는 노동자 개인의 문제에 국한되지 않는다.

새로운 노동시장에 적응하지 못하는 노동자수가 많은 나라일수록 경쟁에서 뒤처지게 된다. 지금까지의 선진국 개념이 완전히 바뀌게 된다. 제4차 산업혁명을 슬기롭게 준비하여 대비에 성공한 국가는 선진국 대열에 오를 것이며, 그렇지 못한 국가는 후진국으로 추락하게 된다.

따라서 국가뿐만 아니라 기업과 노동자 모두가 필요한 역량을 키우는데 협력하여야 한다. 가장 중요한 것은 미래사회를 위한 교육프로그램을 강화하여야 한다. 국가의 예산지원으로 전국의 대학에서 모든 사람이 자신이 원하는 강좌를 자유롭게 들을 수 있도록 하여야 한다.

그리고 ① 근기법상 근로시간 상한제 폐지와 적절한

휴식시간의 보장 ② 노조법상 노동조합의 조직형태 다변화에 대한 대응 ③ 산업안전보건법상 인공지능과의 협업에 따른 안전보건의 확보 방안 ④ 플랫폼노동자(플노)에 대한 사회보험 적용 및 복수의 사용자에 대한 적용 방안 등이 종합적으로 검토되어야 한다.[61]

나아가 열악한 노동환경에 가장 먼저 희생을 강요받는 비정규직이나 특수형태노동자(특노),[62] 플노 등 노동조합의 영역에서 벗어나 있는 노동자들을[63] 특별히 보호하여야 한다. 이들을 위한 '한국형 노동회의소' 제도를 설립하

---

61) 송강직, "한국에서의 4차 산업혁명시대와 노동법 논의"(2020), 22~25면.

62) 이를 '특수형태고용종사자'(특고) 또는 '특수형태근로종사자'라 부르기도 한다.

63) 기존의 특수형태근로종사자들이 대리운전앱, 배달대행앱 등 기반으로 디지털 플랫폼노동종사자로 전환하면서 근로자인지 자영업자인지 구분조차 불분명한 사람들이 기하급수적으로 증가하고 있다. 한때는 열악한 근로조건에서 임금착취를 당하는 근로자들을 보호했던 노동법이 이미 충분한 보호를 받고 있는 기득 근로자들의 지위를 더욱 공고히 하는 반면 최저임금도 제대로 못 받는 비정규직 근로자나 근로자로도 인정받지 못하는 최약자들을 보호의 울타리 밖으로 밀려내고 있는 형국이다. 이렇게 노동법에 의해 보호받는 자와 보호받지 못하는 자로 노동시장이 분절되면서 이른바 법의 보호 안에 있는 내부자(insider)와 밖으로 밀려나간 외부자(outsider) 간의 양극화가 갈수록 심화되고 있다: 조성혜, "노동보호법의 역설 — 노동시장의 분절화와 역효과를 중심으로 —"(2019), 44~45면.

자는 견해64)도 있다.

이들에 대하여는 사회보장적 입장에서 국가가 예산과 제도적 측면에서 적극적으로 지원하여야 한다. 노동조합 또한 조합원의 이익만 대변하고 투쟁하는 구시대의 근시 안적 사고에서 벗어나, 미조직 노동자와 특노 등의 권익 옹호를 위하여 노력하여야 한다. 그리고 지구의 미래를 생각하는 비전을 가져야 한다.

라. 코로나19사태로 인한 위기 극복

코로나19사태는 기업경영을 극도로 위축시키고 있다. 고용유지를 위하여 국가가 적극적으로 기업을 지원하여야 한다.

미국의 급여보호 프로그램(paycheck protection program)이 참 고가 될 수 있다. 그리고 실직자에 대하여는 실업급여의 제공이 필요하지만, 고용보험에 가입하지 못한 특노 등의 노동자들을 보호하여야 한다.

참고로 미국에서는 고용보험에 가입하지 않아 실업급 여를 수령하지 못하는 노동자들에게 최대 39주간 정액급 여를 지급하는 재난실업부조제도(pandemic unemployment assistance

---

64) 이호근, "제4차 산업혁명 시대 '미조직 노동자' 이익대 변에 관한 연구 - 노동회의소(Arbeitskammer) 도입방안을 중심 으로"(2017), 44~60면.

program)를 운용하고 있다.

우리나라는 현재 전국민 고용보험제를 추진하고 있다.[65] 그리고 생계형 자영업자에 대한 보호와 유급병가와 상병수당제의 시행이 요망된다.[66]

그러나 불가피하게 회생이나 파산절차를 신청하는 경우, 해당기업 노동자에 대한 보호가 필요하다. 이를 위해서는 정리해고제도가 합리적으로 정립되어야 하고,[67] 임금채권 우선권이 채무자회생법상 회생절차, 개인회생절차, 파산절차에서 합리적으로 보장되어야 한다.[68]

미. 국제노동규범 준수

노동의 문제에서는 무엇보다도 노동인권의 보장이 최

---

65) [서울=뉴시스] 김진아 기자 = 이재갑 고용노동부(고용부) 장관은 14일 "소득정보 공유 체계 구축 등 전국민 고용보험 도입을 위한 기반을 조성하고 이를 종합한 '고용보험 사각지대 해소 로드맵'을 연내 마련할 계획"이라고 밝혔다. 등록 2020-08-14 10:46:10.

66) 이병희, 「고용·노동브리프 제95호: 코로나19 대응 고용정책 모색」 (2020), 1~6면.

67) 박승두, "기업회생절차상 정리해고 판결의 부당성 – 대상판결: 대법원 2014.11.13. 선고 2012다14517 판결, 대법원 2014.11.13. 선고 2014다20875, 20882 판결 – "(2017), 208~216면.

68) 박승두, "채무자회생법상 임금채권 우선변제권의 문제점과 개선방안"(2020), 460~467면.

대의 과제이다. 국제노동기구(다음부터 'ILO'라 한다)의 핵심협약 중에서 우리가 **비준하지 않은 협약**은 4개이다.

구체적으로 보면, ① '결사의 자유 및 단결권 보호 협약'(제87호, 1948년 채택) ② '단결권 및 단체교섭 협약'(제98호, 1949년 채택) ③ '강제노동협약'(제29호, 1930년 채택) ④ '강제노동 철폐 협약'(제105호, 1957년 채택)이다.

이 중에서 ④를 제외한 ① ~ ③의 **협약을 우선 비준하기 위한 여러 법안**을 마련하였다.[69] 그런데, 이러한 법안들은 아직 국회의 의결을 거치지 못한 문제가 있지만,[70] 개정안의 내용에도 많은 문제가 제기되고 있다.

우선 노조법 개정안에 대하여는, ① 특노에 대한 노동자성 보장과 간접고용 노동자의 원청 사용자성 인정에 관한 내용이 없다는 점 ② 노동조합의 설립과 관련하여 사실상 허가제로 운영되고 있는 현행 신고제를 개선하는 내용이 없다는 점 ③ 실업자와 해고자에 대하여 조합원 자격은 인정하였지만, 임원이나 대의원의 피선거권을 인정하지 않았다는 점 ④ 근로시간면제한도를 초과하는 단체협약이나 사용자의 동의를 인정하지 않는다는 점 등이다. 이러한 문제점들에 대한 개선이 필요하다.

---

69) 법제처, "국제노동기구(ILO) 핵심협약 비준과 노동관계법 개정안"(2019), 20~39면.
70) 김근주, "노동 분야 제21대 국회의 노동 입법 과제"(2020), 23~27면.

그리고 공무원노조법 개정안은 ① 조합원의 범위를 과도하게 제한한 점 ② 근로시간면제제도 규정이 없다는 점 ③ 부당노동행위 규정이 없다는 점 등이 문제점으로 지적되고 있으며, 이들의 개선이 요망된다.[71]

그리고 교원노조법 개정안에 관하여는, '조교'에 대한 단결권 보장 규정이 없는 점은 문제이며, 이를 개선할 필요가 있다.[72] 아울러 열악한 지위에 있는 미조직 노동자와 특노 등의 단결권 보장도 강화하여야 한다.[73]

바. 미중 무역전쟁 대비

미중 무역전쟁은 수출지향적인 우리의 산업구조에 부정적인 영향을 끼칠 가능성이 크므로, 기술력 제고를 위하여 더욱 노력하여야 할 것이다. 그리고 세계 각국은 개인정보를 보호하기 노력을 활발히 전개하고 있다.

대표적으로 EU는 2018년부터 일반개인정보보호법 (GDPR)을 시행하고 있다. 이 규정은 개인정보의 처리와 관

---

71) 심민석, "단결권을 적극적으로 보호하기 위한 입법방안 연구 – 유럽인권법원 판례와 ILO 결사의 자유를 중심으로 –"(2020), 460~467면.

72) 이승욱, "ILO 핵심협약 비준을 위한 노동법 개정 방안의 모색"(2019), 198~199면.

73) 신인수, "국제노동기준과 단결권 보장 – 특수고용노동자의 노동권 보장을 중심으로"(2019), 31~35면.

런한 자연인의 보호 및 개인정보의 자유로운 이동에 관하
여 규정하였다.[74] 유럽연합(EU)의 GDPR 시행 2년을 지나
면서 위반 기업 제재도 급증하고 있어 우리 기업의 주의
가 요구된다. 한국무역협회 브뤼셀지부가 12일 발표한
"EU GDPR 위반 사례와 기업 유의사항" 에 따르면 2018

---

74) ① EU 회원국의 모든 정보주체의 활동에 대한 모니터링에
    적용되며, 장소적으로는 EU 밖의 개인정보 관리자나 처리
    자에게도 적용된다. ② EU 회원국은 별도의 법률을 제정할
    필요없이, 이 규정의 내용대로 단일법이 적용된다. ③ 일정기
    준 이상의 개인정보 관리자나 처리자는 정보보호책임자(Data
    Protection Officer)를 지정하여야 한다. ④ 개인정보 관리자
    (controller)뿐만 아니라 처리자(processor)도 개인정보 보호를 위
    한 직접적인 의무를 부담한다. ⑤ 정보주체의 동의요건을 강
    화하여, 수집되는 개인정보의 이용목적에 대한 명시적인 동
    의를 받아야 한다. ⑥ 개인정보 침해가 발생한 경우, 지체없
    이 감독기구에 통지하여야 하며, 가능한한 72시간 이내에 하
    여야 한다. ⑦ 개인정보 침해에 대한 과징금은 매출액(EU 역내
    에서의 매출액이 아니라 전세계에서의 매출액)의 4% 또는 2천만 유로(한
    화 약280억) 중에서 높은 금액을 부과한다. ⑧ 정보주체가 개인
    정보 처리에 대한 동의를 철회하고 더 이상 합법적인 처리근
    거가 없는 경우와 같은 일정한 상황하에서 정보의 삭제를 요
    구할 수 있는 권리(Right to erasure), 이른 바 "잊힐 권리"(right
    to be forgotten)와 개인정보를 다른 개인정보 관리자에게 쉽게
    이전할 수 있는 형태로 개인정보를 반환받을 수 있는 권리,
    이른 바 "정보 이동성"(Data Portability)을 보장하였다. ⑨ 개인
    정보의 국외이전을 위하여는 "적절성 결정"(Adequacy Decision)
    이나 "적절한 안전조치"(Appropriate Safeguards)요건을 갖추어야
    한다; 최경진, "EU와 미국의 개인정보 규율체계 개선 동
    향"(2016), 610~613면.

년 5월 GDPR 시행 이후 지난 5월까지 2년간 GDPR 위반 기업에 대한 EU 국가들의 과징금 부과 건수와 누적 금액 은 273건, 1억5000만 유로에 달했다.[75]

그리고 미국에서는 그동안 개인정보 보호를 각 개별법 에 맡기고 있었는데, 2018년 캘리포니아주에서 최초로 개 인정보 보호에 관한 일반법인 「캘리포니아주 소비자 프 라이버시법」(California Consumer Privacy Act, CCPA)을 제정하였다. 이 법의 제정은 다른 주나 연방정부의 입법에도 영향을 미칠 것으로 보인다.[76]

그리고 일본은 2003년 개인정보보호법을 제정한 이후 10여 년 동안 실질적인 개정을 하지 않았지만, 정보통신 기술의 발전으로 다양한 개인정보가 이용됨에 따라 개인 의 권리와 이익을 보호하면서도 이를 적절히 활용할 수 있는 환경을 정비할 필요성이 제기되었다.

---

75) [아시아경제 황윤주 기자] 국가별로는 스페인(81건), 루마니 아(26건), 독일(25건) 순으로 부과 사례가 많았고 금액별로는 프 랑스(5110만 유로), 이탈리아(3940만 유로), 독일(2510만 유로) 순이었 다. 프랑스는 개인정보 처리 투명성 부족, 정보주체의 정보열 람 권리의무 위반 등을 이유로 **구글에 5000만 유로의 과징** 금을 부과했다. 기사입력 2020.06.12. 06:48.

76) 미국에서 포괄적인 개인정보보호에 관한 입법이 추진되고 있지는 않지만, 온라인상의 개인정보 및 프라이버시의 실질 적인 보호를 위하여 포괄적인 프라이버시 권리장전(Privacy Bill of Rights)을 제정하자는 주장이 있다; 최경진, "EU와 미 국의 개인정보 규율체계 개선 동향"(2016), 615면.

이러한 요구를 반영하여 2015년 9월 9일, 개인식별번호
이용법[77]을 제정하였는데, 이 법에 의하여 개인정보보호법
이 개정되었다. 그 주요 내용은 ① 개인정보 정의의 명확
화 ② 익명가공정보의 신설 ③ 개인정보 보호의 강화 ④
개인정보보호위원회의 신설 ⑤ 개인정보 취급의 국제화에
따른 대책 등이다.[78] 그리고 2020년 6월 12일에는 EU의
GDPR을 반영하여 개인정보보호법을 대폭 개정하였다.

우리나라도 2020년 2월 4일 EU의 GDPR을 반영하여
개인정보보호법을 대폭 개정하였는데, ① 정보주체의 동
의 없이 과학적 연구, 통계작성, 공익적 기록보존 등의 목
적으로 가명정보를 이용할 수 있는 근거를 마련하되, ②
개인정보처리자의 책임성 강화 등 개인정보를 안전하게
보호하기 위한 제도적 장치를 마련하는 한편, ③ 개인정
보의 오용·남용 및 유출 등을 감독할 감독기구는 개인정
보 보호위원회로 일원화하고, ④ 관련 법률의 유사·중복
규정은 개인정보보호법으로 정비하였다.[79]

정보화시대를 맞이하여 우리 기업이 해외에서 개인정

---

77) 이 법의 정식명칭은 「개인정보의 보호에 관한 법률 및 행정
   절차에 있어서 특정개인을 식별하기 위한 번호의 이용 등에
   관한 법률의 일부를 개정하는 법률」이다.

78) 國立國會圖書館, 「調査と情報-ISSUE BRIEF-, No.1089: 個
   人情報保護法見直しの槪要」(2020), 1~2면.

79) 박승두, 「유튜브 박교수의 7분법(3): 개인정보보호법」
   (2020), 16~17면.

보 보호와 관련하여 제재를 받지 않도록 노력하여야 할
것이며, 국내에서도 다국적 기업에 의한 개인정보의 유출
을 막아야 할 것이다. 그리고 소비자 및 노동자의 개인정
보를 보호하는 노력과 함께 빅데이터 등 정보산업의 발전
과의 조화를 위해서도 노력하여야 한다. 노동조합도 노동
자들의 정보가 거대기업에 의하여 침해받고 희생되지 않
도록 대책을 마련하여야 한다.

사. 신자유주의의 극복

우리나라에서 신자유주의 시장경제원리가 노동법에 도
입된 시기는 김영삼 정부가 '신경제계획'을 발표하고
부터이며, 세계화 담론을 통해 탈규제화, 자본시장 개방,
민영화, 노동시장 유연화 등 신자유주의적 경제정책을 본
격적으로 추진하였다.[80]

1993년 김영삼 대통령의 취임 이후 '신노사관계 구
상'의 발표 → 여야의 대립 → 날치기 노동법 추진 →
노동계의 파업 → IMF로부터의 긴급구제자금의 차입 등을
겪으면서, 경제회생 우선론과 신자유주의 체제로의 전환
이 본격 추진되었다.[81] 그리고 2008년 2월 출범한 이명박

---

80) 권혜령, "신자유주의 시대 구조적 폭력의 한 양상 – 2000년
　　대 이후 노동법제의 변화와 노동기본권의 위기를 중심으로
　　– "(2020), 82면.

정부와 2013년 2월 출범한 박근혜 정부는 신자유주의 노동시장 유연화가 강행되어 왔다.

이제는 그동안 경제성장과 효율, 규제완화와 경쟁을 최우선으로 하는 신자유주의적 노동정책을 극복하고 자본주의의 모순을 교정하면서 노동법의 보호를 받지 못하는 영역의 노동자를 보호의 영역으로 포섭하여야 한다.

앞으로 노동법과 사회보장법은 기존의 신자유주의적 질서에 왜곡되어 온 구태에서 벗어나 사회구성원 전체가 인간다운 삶을 누릴 수 있도록 사회안전망의 확충, 공공성의 강화, 사회적 불평등의 해소 등을 향하여 나가야 할 것이다.[82] 이를 위해서는 근본적으로 **노동법의 패러다임을 재설계**하여야 한다.[83]

---

81) 박승두, 「노동법의 역사」 (2014), 139~142면.

82) 권혜령, "신자유주의 시대 구조적 폭력의 한 양상 – 2000년대 이후 노동법제의 변화와 노동기본권의 위기를 중심으로 – "(2020), 102~105면.

83) 구체적으로 소규모 및 영세사업장, 비정규직, 특노 등 노동법의 혜택을 받지 못하는 노동자들에 대하여 노동법의 적용을 받게 하는 방법도 있지만, 이는 또 소규모 및 영세 사용자에게 부담을 줄 수 있다. 따라서 이들에게는 국가의 책임으로 **근로복지기본법**으로 보호하는 방법이 합리적이라 생각한다.

제 3 절 노동법의 법적 지위는?

1. 헌법과의 관계

가. 법적 성격

앞에서 본 바와 같이, 헌법은 단결권을 포함하여 여러 가지 노동기본권을 보장하고 있다. 그리고 노동법의 이념은 **헌법의 이러한 규범적 요청을 구체적으로 실현**하는 것이다.

이는 헌법과 노동법의 관계에서만 성립하는 특유한 현상이 아니고, 헌법과 모든 법률의 관계에 공통적으로 적용되는 일반적 현상이다. 이는 헌법의 국가질서의 기본과 국민기본권 보장의 원천법으로서의 성격에서 연유하는 것이다.

나. 구체적 적용상의 문제점

노동법에서 제기되는 문제는 모두 헌법에서 규정한 노

동기본권의 관점에서 검토하여야 하며, 구체적인 내용은
앞(18~21면)의 "노동법의 개념"을 참조하기 바란다.

2. 민법과의 관계

가. 법적 성격

일반적으로 노동법은 근대 시민법원리를 수정한 현대
사회법원리를 실현하는 법이므로, 아래 〈표 2〉에서 보는
바와 같이 서로 대립적이라 볼 수 있다.

〈표 2〉 시민법과 사회법의 관계

구 분	시 민 법	사 회 법
법 이 념	자유·평등	인간다운 생활권
인 간 상	평등한 추상적 인간	불평등한 현실적 인간
법 원 칙	계약자유의 원칙 소유권 절대의 원칙 과실책임의 원칙	특정 계약행위의 금지 소유권 행사의 제한 무과실 책임의 인정
법 영 역	민법·상법	노동법·사회보장법 ·공정거래법·환경법 등

그러나 노동법에 규정되지 아니한 사항은 민법에 의하여 보충되어야 하는 점에서 **상호 보완적인 면도** 있다.

또한 노동법의 해석에 있어서도 민법의 기본 해석원리를 기초로 한다. 즉, 민법상 ① 민사에 관하여 법률에 규정이 없으면 관습법에 의하고 관습법이 없으면 조리에 의한다(제1조), ② 권리의 행사와 의무의 이행은 신의에 좇아 성실히 하여야 한다(제2조 제1항), ③ 권리는 남용하지 못한다(제2조 제2항)는 대원칙 등은 모두 노동법에도 그대로 적용된다.

나. 구체적 적용상의 문제점

노동법에서 규정하고 있는 근로계약과 민법에서 규정하고 있는 고용계약의 관계가 문제된다.

그리고 형식상 자영업자로 분류되면서도 사실상 노동자에 해당하는 학습지 교사, 골프장 캐디, 택배 기사 등 특노와 플노에 대한 해석이 문제된다.

그리고 민사채권의 일반적 소멸시효(10년)에 비하여 노동법상 채권은 주로 3년의 단기소멸시효가 적용되며, 임금채권은 일반 민사채권보다 우선 변제받을 수 있도록 보호하고 있다.[84]

그러나 사용자가 채무자회생법상 회생절차나 파산절차

---

84) 구체적인 내용은 뒤(86~87면)에서 상세히 설명한다.

를 진행하는 경우 제대로 보장되지 못하고 있어 개선이
요망된다.[85]

3. 사회보장(사회복지)법과의 관계

가. 법적 성격

노동법과 사회보장(사회복지)법은 **가장 가까운 법**으로 평
가된다. 따라서 상호 중복되는 부분이 많다. 대표적으로
산재법과 고보법은 노동법이면서 사회보장(사회복지)법이다.

나. 구체적 적용상의 문제점

노동법과 사회보장(사회복지)법의 **공통점**은 둘 다 시민법
원리가 아닌 사회법 원리가 적용되는 점과 인간다운 생활
권의 보장을 목적으로 한다는 점이다.

서로 다른 점은 노동법은 노동자의 인간다운 생활의
보장을 위하여 노동자와 거래관계에 있는 사용자에게 일
정한 의무를 부과하는 방법을 동원한다. 그러나 사회보장
(사회복지)법은 모든 국민의 인간다운 생활의 보장을 위하여

---

85) 박승두, "채무자회생법상 임금채권 우선변제권의 문제점과
　　 개선방안"(2020), 참조.

국가가 직접 국민에게 사회보장급여를 제공하는 방법을
취한다.

4. 공정거래법과의 관계

가. 법적 성격

노동법과 공정거래법의 **공통점**은 둘 다 거래관계에서
의 약자 보호를 통한 형평성을 제고를 목적으로 하는 점
이다. 즉, 노동법은 노동자와 사용자의 거래관계, 공정거
래법은 주로 대기업과 중소기업간의 거래관계를 대상으로
한다. 여기서 경제적 약자에 해당하는 노동자와 중소기업
을 보호하고자 하는 것이다.

구체적인 내용에 있어서는 **차이점**이 있다. 공정거래법
은 대기업에 중소기업에 대하여 거래상의 억압이나 횡포
를 방지하여 공정성을 확보하고자 하는 데 목적이 있다.
그런데 노동법은 노동자의 보호를 위하여 사용자의 양보
와 배려를 전제로 한다.

나. 구체적 적용상의 문제점

미국에서 1890년 제정된 **셔먼법**(Sherman Act)[86]의 해석상

노동자의 단체행동은 자유로운 경쟁을 저해하는 독점행위
에 해당한다고 보았다.[87] 따라서 노동운동에 대한 탄압의
요인으로 작용하였으며,[88] 1914년 클레이톤법이 제정되기
전까지는 노동조합의 제한적 행위가 셔먼법 위반으로 기
소되었다.[89]

이러한 규제는 1914년 제정된 **클레이톤법**(Clayton Act)에
의하여 배제되었다. 즉, 이 법 제6조는 "인간의 노동은
일용품이나 상품이 아니다"라고 선언하고,[90] 자신의 정
당한 목표를 합법적으로 추구하는 노동조합과 그 구성원
을 독점금지법의 적용으로부터 배제하였다.

---

86) 이 법은 공정경쟁과 독점규제를 위한 미국 최초의 연방법이
다. 미국에서는 공정거래법이라 하지 않고 독점금지법(
Antitrust Law)이라 부르는데, 그 이유는 주식신탁의 형태를 가
진 기업결합체인 Trust가 커다란 영향력을 가지고 중소기업
을 지배하는 현상이 나타났으며, 이를 시정하기 위한 법률로
서의 의의를 가진데서 비롯된 것이다.

87) 이 법 제1조에서 "주(州)들 간의 거래와 상업을 억제하는 모
든 계약, 단결활동 … 등을 불법"으로 규정하였으며, 이를 위
반하는 자에게는 정부의 금지명령, 형사소송, 민사3배 배상
등이 적용되었다; Gorman, *Labor Law*(1991), 3면.

88) 이봉의, "독점규제법상의 적용제외"(1991), 89면.

89) Neale, Goyder, *The Antitrust Laws of the United States
of America*, 6면.

90) the labor of a human being is not a commodity or
article of commerce: Neale, Goyder, *The Antitrust Laws
of the United States of America*, 6면.

나아가 이 법 제20조에서는 노동자들이 고용·기간이나 고용조건 등 자신들이 이익을 위한 파업이나 보이콧 등을 절대적으로 보호되는 조합활동으로 규정하고 셔먼법에 위배되지 않으며 노동쟁의금지명령의 대상이 되지 않는다고 하여, 독점금지법을 통하여 노동조합활동을 규제하는 연방법원의 권한을 박탈하였다.[91]

5. 행정법과의 관계

가. 법적 성격

노동법 중 행정법과 관련된 부분은 크게 세 가지이다.

① **노동행정**은 고용노동부장관의 소관으로 하고 있어, 고용노동부와 지방노동관서는 노동법의 집행에 직접 관련되어 있다. ② 부당해고와 부당노동행위의 구제를 행하는 **노동위원회**는 행정법상 대표적인 행정위원회이다.

③ 노동쟁의를 행하기 이전에 반드시 노동위원회의 조정(調停)과 중재(仲裁) 등 **조정(調整)절차**를 거쳐야 한다.

---

91) Gorman, Robert A., *Basic text on labor law: unionization and collective bargaining*(1976), 4면.

나. 구체적 적용상의 문제점

노동위원회의 행정적 구제절차는 지방노동위원회의 초심과 중앙노동위원회의 재심을 거쳐 행정법원, 고등법원, 대법원 등 전체 **5심제**로 볼 수 있다. 이 중 노동위원회에 대한 구제신청은 의무적·필수적인 것은 아니며, 임의적·선택적이다.

노동위원회에 의한 행정적 구제가 노동사건의 해결에 있어서 중요한 의의를 가지므로, 노동위원회의 독립성과 전문성의 제고를 위하여 더욱 노력하여야 한다.

6. 민사소송법과의 관계

가. 법적 성격

임금채권 등 노동법상의 채권도 사용자에 대한 민사소송을 통하여 확보할 수 있다.

나. 구체적 적용상의 문제점

노동법과 관련된 민사소송은 주로 ① 근로계약의 무효확인소송 ② 해고무효확인소송 ③ 임금의 지급 등 이행청구소송 ④ 손해배상청구소송 등이 있다.

7. 민사집행법과의 관계

가. 법적 성격

임금채권 등 노동법상의 채권도 민사소송을 제기하기 이전에 사용자의 재산에 압류, 가처분 등 **보전처분**을 할 수 있고, 판결이 확정된 후에는 **강제집행절차**를 진행할 수 있다.

나. 구체적 적용상의 문제점

민사집행법은 부동산(제78조), 동산(제188조), 채권(제223조) 등에 관한 강제집행절차를 각각 규정하고 있으며, 이들 절차에 따라 임금채권 등의 집행절차를 진행할 수 있다.

8. 형법과의 관계

가. 법적 성격

형법은 범죄와 형벌에 관한 기본법이고, 헌법상 보장
된 노동기본권을 침해하는 행위도 범죄를 구성한다. 이에
대한 구체적인 처벌규정은 노동법에 두고 있다. 따라서
노동법상 범죄와 처벌에 관한 규정은 **광의의 형법**에 해당
한다.

나. 구체적 적용상의 문제점

노동법상 범죄의 성립과 처벌에 관하여도 특별한 규정
이 없는 한, 형법상 총칙(제1편) 및 구체적 범죄행위와 처벌
기준에 관한 각칙(제2편)은 모두 원칙적으로 적용된다.

9. 형사소송법과의 관계

가. 법적 성격

형사소송법은 범죄의 성립과 구체적 처벌의 절차에 관

하여 규정하고 있으므로, 노동기본권을 침해하는 행위가
범죄를 구성하는 한 형사소송법의 적용은 불가피하다.

나. 구체적 적용상의 문제점

노동사건은 일반적인 형사사건과 달리 고용노동부 및
지방노동관서에 진정 및 고소로 시작하는 사례가 많다.

그리고 **근로감독관**은 범죄의 혐의가 있다고 인식하는
때에는 범인, 범죄사실과 증거에 관하여 수사를 개시 · 진
행하여야 한다.[92]

10. 상법과의 관계

가. 법적 성격

노동자와 근로계약을 체결한 **사용자**는 개인인 경우도
있지만, 대부분 회사에 해당한다. 따라서 사용자인 회사에
조직변경 등의 문제가 발생하는 경우 근로관계에 미치는
영향이 문제된다.

---

92) 구체적인 내용은 뒤(101~104면)에서 상세히 설명한다.

나. 구체적 적용상의 문제점

회사의 조직변경 중에서 특히, **합병 또는 영업양도시** 근로관계의 이전과 단체교섭 대상 여부, 쟁의행위 가능 여부 등이 문제된다.

그리고 회사가 채무자회생법상 **회생절차나 파산절차**를 진행하는 경우 근로관계에 미치는 영향이 문제된다.

11. 지식재산권법과의 관계

가. 법적 성격

지식재산권법에서 노동기본권에 관하여 구체적으로 규정하고 있지는 않지만, **업무로서 지식재산권을 창출**하는 경우 그 권리의 귀속문제가 발생한다. 최근 전세계 특허의 90%는 종업원에 의해 이루어지고 있으므로,[93] 지식재산권의 형성에 기여한 노동자의 노력을 어느 정도 평가하고 어떻게 보상할 것인가 하는 것이 중요한 과제이다.

---

93) Odaki, K., *The Right to Employee Inventions in Patent Law*(2018), 1면.

나. 구체적 적용상의 문제점

발명진흥법에 **직무발명**의 규정을 두고 있으며,[94] 저작

---

94) 제10조(직무발명) ① 직무발명에 대하여 종업원등이 특허, 실용신안등록, 디자인등록(다음부터 '특허등'이라 한다)을 받았거나 특허등을 받을 수 있는 권리를 승계한 자가 특허등을 받으면 사용자등은 그 특허권, 실용신안권, 디자인권(다음부터 '특허권등'이라 한다)에 대하여 통상실시권(通常實施權)을 가진다. 다만, 사용자등이 중소기업기본법 제2조에 따른 중소기업이 아닌 기업인 경우 종업원등과의 협의를 거쳐 미리 다음 각 호의 어느 하나에 해당하는 계약 또는 근무규정을 체결 또는 작성하지 아니한 경우에는 그러하지 아니하다. 1. 종업원등의 직무발명에 대하여 사용자등에게 특허등을 받을 수 있는 권리나 특허권등을 승계시키는 계약 또는 근무규정 2. 종업원등의 직무발명에 대하여 사용자등을 위하여 전용실시권을 설정하도록 하는 계약 또는 근무규정 ② 제1항에도 불구하고 공무원의 직무발명에 대한 권리는 국가나 지방자치단체가 승계하며, 국가나 지방자치단체가 승계한 공무원의 직무발명에 대한 특허권등은 국유나 공유로 한다. 다만, 고등교육법 제3조에 따른 국·공립학교(다음부터 '국·공립학교'라 한다) 교직원의 직무발명에 대한 권리는 「기술의 이전 및 사업화 촉진에 관한 법률」 제11조 제1항 후단에 따른 전담조직(다음부터 '전담조직'이라 한다)이 승계하며, 전담조직이 승계한 국·공립학교 교직원의 직무발명에 대한 특허권등은 그 전담조직의 소유로 한다. ③ 직무발명 외의 종업원등의 발명에 대하여 미리 사용자등에게 특허등을 받을 수 있는 권리나 특허권등을 승계시키거나 사용자등을 위하여 전용실시권(專用實施權)을 설정하도록 하는 계약이나 근무규정의 조항은 무효로 한다. ④ 제2항에 따라 국유로 된 특허권등의 처분과 관리(특허권등의 포기를 포함한다)는 국

권법은 업무상 저작물에 관하여 규정하고 있다.[95] 그리고
공무원의 경우에는 「공무원 직무발명의 처분·관리 및
보상 등에 관한 규정」(대통령령)을 두고 있다.

이들 규정의 적용에 있어서는 권리의 귀속문제뿐만 아
니라,[96] 노동자가 업무와는 별도로 지식재산권 창출을 위
한 일을 하는 경우, 근로시간에 해당하는지 여부가 문제
될 수 있다.

12. 국제법과의 관계

가. 법적 성격

노동법의 이념은 한 국가 내에서만 실현할 수 없고 국

유재산법 제8조에도 불구하고 특허청장이 이를 관장하며, 그
처분과 관리에 필요한 사항은 대통령령으로 정한다.

95) 제9조(업무상저작물의 저작자) 법인등의 명의로 공표되는
업무상저작물의 저작자는 계약 또는 근무규칙 등에 다른 정
함이 없는 때에는 그 법인등이 된다. 다만, 컴퓨터프로그램저
작물(다음부터 '프로그램'이라 한다)의 경우 공표될 것을 요하지 아니
한다.

96) 종업원 등의 의사가 명시적으로 표시되거나 혹은 묵시적 의
사를 추인할 수 있는 명백한 사정이 인정되는 경우 이외에는
직무발명에 대하여 특허 등을 받을 수 있는 권리나 특허권 등
을 사용자 등에게 승계시키는 합의가 성립되었다고 쉽게 인정
할 수 없다: 대법원 2011. 7. 28. 선고 2010도12834 판결.

제적인 노력이 필요한데, ILO가 그 **중심적 역할**을 하고 있다. 그동안 ILO는 1935년 1주 40시간제(제47호 협약) 등 노동관련 많은 협약을 채택하여 각국에 시행을 권유해 오고 있다.

나. 구체적 적용상의 문제점

앞에서 본 바와 같이, 우리나라는 ILO의 핵심협약 중에서 아직 비준하지 않은 4개 **협약의 비준을 위한 준비**를 하고 있다. 현재 국회에 제출된 법안들에 대한 철저한 검토가 요망된다.

13. 국제사법과의 관계

가. 법적 성격

국제화 시대를 맞이하여 노동력의 국제이동이 빈번하고, 인터넷을 통하여 국제적인 노동의 제공도 활발하다. 이러한 경우에 국제사법상 **근로계약에 대한 준거법**의 지정이 중요한 문제로 제기되고 있다.

나. 구체적 적용상의 문제점

A국의 사용자와 B국의 노동자가 **근로계약**을 체결하여 C국에서 일할 경우, 어느 나라 법이 적용되느냐 하는 문제가 있다. 이에 관하여, 국제사법은 A와 B 당사자는 근로계약을 체결하면서 어느 나라 법을 적용할 것인지에 관하여 합의를 한 경우에는 해당 국가의 법률에 따르고, 이에 관하여 합의를 하지 아니한 경우에는 일상적으로 노동을 제공하는 국가의 법률을 적용한다고 한다.

그러나 합의가 있더라도 우리나라의 재판권 관할[97]을 박탈할 수 없다(제28조)고 한다.[98]

---

97) 제2조(국제재판관할) ① 법원은 당사자 또는 분쟁이 된 사안이 대한민국과 실질적 관련이 있는 경우에 국제재판관할권을 가진다. 이 경우 법원은 실질적 관련의 유무를 판단함에 있어 국제재판관할 배분의 이념에 부합하는 합리적인 원칙에 따라야 한다. ② 법원은 국내법의 관할 규정을 참작하여 국제재판관할권의 유무를 판단하되, 제1항의 규정의 취지에 비추어 국제재판관할의 특수성을 충분히 고려하여야 한다.

98) 제28조(근로계약) ① 근로계약의 경우에 당사자가 준거법을 선택하더라도 제2항의 규정에 의하여 지정되는 준거법 소속 국가의 강행규정에 의하여 근로자에게 부여되는 보호를 박탈할 수 없다. ② 당사자가 준거법을 선택하지 아니한 경우에 근로계약은 제26조의 규정에 불구하고 근로자가 일상적으로 노무를 제공하는 국가의 법에 의하며, 근로자가 일상적으로 어느 한 국가 안에서 노무를 제공하지 아니하는 경우에는 사용자가 근로자를 고용한 영업소가 있는 국가의 법에 의한다. ③ 근로계약의 경우

14. 채무자회생법과의 관계

가. 법적 성격

채무자회생법은 쌍방미이행쌍무계약에 관한 규정을 **단체협약**에는 적용하지 아니한다고 규정하고 있다.

나. 구체적 적용상의 문제점

회생절차상 **근로관계**는 관리인에게 승계되고, **해고**에 관하여는 근기법상 규정이 적용된다.

① 회사에 대하여 회생절차가 개시되더라도 회사의 법

에 근로자는 자신이 일상적으로 노무를 제공하거나 또는 최후로 일상적 노무를 제공하였던 국가에서도 사용자에 대하여 소를 제기할 수 있으며, 자신이 일상적으로 어느 한 국가안에서 노무를 제공하지 아니하거나 아니하였던 경우에는 사용자가 그를 고용한 영업소가 있거나 있었던 국가에서도 사용자에 대하여 소를 제기할 수 있다. ④ 근로계약의 경우에 사용자가 근로자에 대하여 제기하는 소는 근로자의 상거소가 있는 국가 또는 근로자가 일상적으로 노무를 제공하는 국가에서만 제기할 수 있다. ⑤ 근로계약의 당사자는 서면에 의하여 국제재판관할에 관한 합의를 할 수 있다. 다만, 그 합의는 다음 각호중 어느 하나에 해당하는 경우에 한하여 그 효력이 있다. 1. 분쟁이 이미 발생한 경우 2. 근로자에게 이 조에 의한 관할법원에 추가하여 다른 법원에 제소하는 것을 허용하는 경우.

인성이 상실되는 것은 아니므로 회사 대 노동자의 관계는 그대로 유지되며, 관리인이 사용자의 지위에 서게 된다.

그리고 파산절차의 경우에도 청산 및 해산이 종료되기 전에는 회사의 법인성이 유지되므로 회사 대 노동자의 관계는 그대로 유지되며, 파산관재인이 사용자로서의 책임을 진다.

② 회생절차가 개시된 회사가 노동자를 해고하는 경우에도 근기법상 해고요건을 갖추어야 한다.

그리고 파산이 선고된 회사가 노동자를 해고하는 경우에도 마찬가지이다.[99]

---

99) 박승두, "채무자회생법과 노동법의 관계"(2020), 197~206면.

제2장 국가가 모두에게 기본으로 깔아주는 권리

제1절 기본으로 깔아주는 이유는?
제2절 기본으로 깔아주는 내용은?
제3절 사용자가 안 지킬 때는
　　　어떻게?

제1절 기본으로 깔아주는 이유는?

1. 노동자는 약자이므로…

앞에서 본 바와 같이, 헌법은 인간다운 생활권, 인간의 존엄과 가치, 행복추구권 등을 보장하고 있다.

이러한 권리는 모든 국민에게 보장하고 있기 때문에, 노동자도 당연히 이러한 권리를 가진다. 그러나 노동자는 일반적으로 **사회적·경제적 약자**의 지위에 있기 때문에 스스로의 힘으로 행복을 추구하기 어려운 입장에 있을 뿐만 아니라, 타인 특히 **사용자로부터 행복을 침해받을 가능성**이 많기 때문에 국가정책적인 견지에서 더욱더 철저한 보호가 필요하다.

그러므로 노동자의 인간다운 생활권과 행복추구권의 실현을 위하여는 최소한 기본적인 근로조건은 보장해 주어야 한다.

2. 그러나 모든 노동자를 대상으로 하지 않는다

가. 근기법의 적용대상

근기법은 원칙적으로 상시 5인 이상의 노동자를 사용하는 모든 사업 또는 사업장에 적용한다(제11조 제1항 본문).

그러나 5인 이상이더라도 ① 동거의 친족만을 사용하는 사업 또는 사업장과 ② 가사(家事) 사용인에 대하여는 적용하지 아니한다(제11조 제1항 단서).

반대로 상시 4명 이하이더라도 일부 규정을 적용한다(제11조 제2항, 영 제7조, 별표 1).

〈표 3〉 상시 4명 이하의 근로자를 사용하는 사업 또는 사업장에 적용하는 법 규정(영 제7조 관련)

구 분	적용 법규정
제1장 총칙	제1조부터 제13조까지의 규정
제2장 근로계약	제15조, 제17조, 제18조, 제19조제1항, 제20조부터 제22조까지의 규정, 제23조제2항, 제26조, 제35조부터 제42조까지의 규정

제3장 임금	제43조부터 제45조까지의 규정, 제47조부터 제49조까지의 규정
제4장 근로시간과 휴식	제54조, 제55조제1항, 제63조
제5장 여성과 소년	제64조, 제65조제1항·제3항(임산부와 18세 미만인 자로 한정한다), 제66조부터 제69조까지의 규정, 제70조제2항·제3항, 제71조, 제72조, 제74조
제6장 안전과 보건	제76조
제8장 재해보상	제78조부터 제92조까지의 규정
제11장 근로감독관 등	제101조부터 제106조까지의 규정
제12장 벌칙	제107조부터 제116조까지의 규정(제1장부터 제6장까지, 제8장, 제11장의 규정 중 상시 4명 이하 근로자를 사용하는 사업 또는 사업장에 적용되는 규정을 위반한 경우로 한정한다)

나. 최임법의 적용대상

최임법은 원칙적으로 노동자를 사용하는 모든 사업 또는 사업장에 적용한다(제3조 제1항 본문). 다만, 동거하는 친족만을 사용하는 사업과 가사(家事) 사용인에게는 적용하지 아니한다(제3조 제1항 단서).

그리고 선원법의 적용을 받는 **선원**과 선원을 사용하는 **선박의 소유자**에게는 적용하지 아니하며, 해양수산부장관은 필요하다고 인정하면 정책자문위원회의 자문을 하여 선원의 임금 최저액을 정할 수 있다(선 제59조, 선영 제37조의2).

3. '기본'의 기준은?

앞에서 본 바와 같이, 노동자가 헌법에서 규정하고 있는 인간으로서의 존엄과 가치, 행복추구권, 인간다운 생활권 등을 실현할 수 있도록 근로조건이 보장되어야 한다.

이러한 헌법정신을 받아들여 근기법도 "이 법은 헌법에 따라 근로조건의 기준을 정함으로써 **근로자의 기본적 생활을 보장, 향상**시키며 균형 있는 국민경제의 발전을 꾀하는 것을 목적으로 한다."(제1조)는 입법목적을 선언하고 있다.

구체적으로 노동자에게 어느 정도의 생활이 보장되어야 인간으로서의 '존엄성'이 보장되는 '인간다운 생활'이 되느냐 하는 것은 **일반적인 사회통념**에 의하여 판단하여야 한다.

또한 어느 정도의 근로조건이 노동자의 기본적 생활을 보장하는 데 충분한 것이 될 수 있느냐의 여부를 판단함에 있어서는 노동자 본인뿐만 아니라, 그 표준가족의 생활도 고려되어야 할 것이다.

4. '기본'은 의무적으로 보장하여야 한다

근기법 "이 법에서 정하는 근로조건은 **최저기준**이므로 근로 관계 당사자는 이 기준을 이유로 근로조건을 낮출 수 없다." (제3조) 고 규정하고 있다.

즉, 근기법에서 정하는 근로조건의 기준은 최저기준임을 명확히 하고, 이 기준이 법정기준이라는 것을 이유로 하여 근로관계당사자, 특히 사용자는 법정기준만을 고집함으로써 근로조건을 저하시켜서는 안되며 오히려 법정최저기준 이상으로 근로조건의 향상에 노력하여야 한다는 취지를 밝히고 있다.

근기법은, "근로조건의 기준은 법률로 정한다." 는 헌법 제32조 제3항에 의거하여 제정된 법률이지만 헌법 제32조 제3항에서는 근로조건의 '기준' 을 정하는 것은 법률에 위임한다는 것을 명시하고 있을 뿐이고, 그 '기준' 이 최고기준이냐 또는 최저기준이냐 하는 것은 직접적으로 규정하지 않고 있다.

그러나 사회입법으로서의 이 법은 근로조건의 결정을 전적으로 계약당사자의 소위 계약자유의 원칙에 일임하는 시민법의 수정법으로서의 노동자보호법이므로, 근로조건의 기준을 법으로 정한다면 당연히 최저기준임을 면할 수가 없다.

이 법의 주목적은 근로조건 등의 최저기준을 법정하여 노동자의 생존권을 구체적으로 보장하는 데 있다. 사용자의 위반행위가 현실적으로 발생했을 때에는 벌칙을 적용함으로써 이를 **처벌**할 뿐만 아니라(제107조 내지 제112조는 처벌규정임), 개개의 근로계약에 대해서는, "이 법에 정한 기준에 달하지 못하는 근로조건을 정한 근로계약은 그 부분에 한하여 **무효**로 한다"(제15조 제1항)고 하고, "무효로 된 부분은 이 법에 정한 기준에 의한다"(제15조 제2항)는 규정을 마련하고 있다.

그리고 이 법이 성실히 준수되어 있는 가의 여부를 항상 **지도·감독**함으로써 위반행위의 발생을 사전에 방지하고, 위반행위가 발생한 경우에는 이를 조속히 발견하여 **시정조치**를 할 뿐만 아니라, 경우에 따라서는 위반자에게 벌칙을 적용하는 등의 기능을 담당하게 하기 위하여 근로감독관제도를 두고 있다.

근기법은 근로조건 등에 관하여 법정최저기준을 정하고 사용자에 대하여 이를 준수하도록 함으로써 그 실효성을 확보하고자 한다. 그리고 위반행위가 발생한 경우에는 위반자에 대하여 벌칙을 적용함으로써 법의 실효성을 확보하는 제도를 두고 있다.

이 법은 위반행위자를 처벌함과 동시에 사업주도 함께

처벌하는 **양벌주의**를 채택하고 있다. 이 법 제115조 본문의, "사업주의 대리인, 사용인, 그 밖의 종업원이 해당 사업의 근로자에 관한 사항에 대하여 제107조, 제109조부터 제111조까지, 제113조 또는 제114조의 위반행위를 하면 그 **행위자**를 벌하는 외에 그 **사업주**에게도 해당 조문의 벌금형을 과(科)한다." 고 규정하고 있다. 그리고 단서에서 "다만, 사업주가 그 위반행위를 방지하기 위하여 해당 업무에 관하여 **상당한 주의와 감독**을 게을리하지 아니한 경우에는 그러하지 아니하다." 고 한다.

이 법의 실효성을 확보하기 위한 수단으로서는 행정적인 감독과 법위반에 대한 벌칙의 적용을 전형적인 것으로 들 수 있다.

그러나 이와 같은 보장수단 이외에 근기법의 준수로 말미암아 이익을 얻게 되는 노동자들이 스스로 근기법상의 보호조건을 주장함으로써 근기법은 더욱 그 실효성이 확보될 수 있을 것이다. 다시 말하면, 노동자에게 보장되는 근기법상의 권리는 노동자 스스로에 의하여 행사됨으로써만이 그 보호조건은 실현될 수 있을 것이며 따라서 이 법의 실효성도 확보될 수 있을 것이다.

5. '기본' 이상은 자유이다

앞에서 본 바와 같이, 근로계약에는 계약자유의 원칙

이 적용되지 않는 것이 원칙이다. 그러나 계약자유의 원칙이 완전히 배제되는 것은 아니다.

첫째, **노동법의 적용을 받는 노동자가 아닌 자와의 계약**인 경우, 노동법상의 제약을 받지 않기 때문에 계약자유의 원칙이 적용된다.

둘째, 노동법의 적용을 받는 노동자와의 계약이라 하더라도, **노동법상의 기준을 상회하는 경우** 즉 인간다운 생활권 보장 이상의 내용을 정하는 때에는 노동법상 제약을 받지 않고 자유롭게 계약으로 정할 수 있다.

제2절 기본으로 깔아주는 내용은?

1. 임금

가. 임금의 개념

노동자가 노동을 제공함에 있어서 가장 중요한 것은 그 대가로 지급받는 임금이다.

임금에 관하여 근기법은 "사용자가 근로의 대가로 근로자에게 임금, 봉급, 그 밖에 어떠한 명칭으로든지 지급하는 모든 금품을 말한다(제2조 제1항 제5호)."고 정의하고 있다. 즉, ① 사용자가 근로자에게 지급하는 금품으로서 ② 근로의 대가인 것은 ③ 그 명칭을 불문하고 모두 임금에 해당한다.

이에 관하여 ILO도 명칭 여부, 현금 여부 등에 구애받지 않고 포괄적으로 규정하고 있다.[100]

그러나 이러한 규정은 추상적인 규정이므로 실제로 사용자가 근로자에게 지급하는 개개의 금품이 임금에 해당하느냐 여부는 해석에 의할 수밖에 없다.[101]

임금의 **법적 성격**에 관하여 근로의 대가로서의 임금과 생활보장적 성격의 임금으로 구분하는 견해[102]도 있으나,

---

100) ILO는 ① 제95호 "임금보호에 관한 조약"(Convention concerning the Protection of Wages)에서 "이 조약에서 임금이라 함은 명칭 또는 계산방법의 여하를 불문하고(however designated or calculated) … 노동 또는 서비스에 대하여(for work or services) 사용자가 지급하는 보수 또는 소득(remuneration or earnings)을 말한다(제1조)"고 규정하고, ② 제100호 "동일가치의 노동에 대한 동일보수에 관한 조약"에서 "이 조약에서 보수(remuneration)라 함은 현금 또는 현물을 불문하고(whether in cash or in kind) … 사용자가 노동자에게 지급하여야 할 … 통상기본 또는 최저의 임금 또는 급료 및 추가적 수당(ordinary, basic or minimum or salary and any additional emoluments)을 포함한다(제1조)"고 규정하고 있다.

101) 박상필, 「한국노동법」 (1993), 215면.

학설103)과 판례104)는 대체로 이를 구분하지 아니하고 모

---

102) 쟁의행위로 인하여 사용자에게 근로를 제공하지 아니한
근로자는 일반적으로 근로의 대가인 임금을 구할 수는 없다
할 것이지만(무노동 무임금의 원칙), 구체적으로 지급청구권을 갖지
못하는 임금의 범위는 임금 중 사실상 근로를 제공한 데 대
하여 받는 교환적 부분과 근로자로서의 지위에 기하여 받는
생활보장적 부분 중 전자만에 국한된다. 임금 중 교환적 부
분과 생활보장적 부분의 구별은 당해 임금의 명목에 불구하
고 단체협약이나 취업규칙 등의 규정에 결근·지각·조퇴 등으
로 근로를 제공하지 아니함에 의하여 당해 임금의 감액을 정
하고 있는지의 여부, 또는 위와 같은 규정이 없더라도 종래
부터의 관행이 어떠하였는지 등을 살펴 판단하여야 한다; 대
법원 1992. 3. 27. 선고 91다36307 판결.

103) 임종률, 「노동법」(2020), 413면.

104) 모든 임금은 근로의 대가로서 "근로자가 사용자의 지휘를
받으며 근로를 제공하는 것에 대한 보수"를 의미하므로 현실
의 근로 제공을 전제로 하지 않고 단순히 근로자로서의 지위
에 기하여 발생한다는 이른바 생활보장적 임금이란 있을 수
없고, 또한 우리 현행법상 임금을 사실상 근로를 제공한 데
대하여 지급받는 교환적 부분과 근로자로서의 지위에 기하여
받는 생활보장적 부분으로 2분할 아무런 법적 근거도 없다.
뿐만 아니라 임금의 지급 실태를 보더라도 임금은 기본적으
로 근로자가 생활하는 데 필요한 생계비와 기업의 지불능력
과의 상관관계에 따라 형성되는데 임금을 지불항목이나 성질
에 따라 사실상 근로를 제공한 데 대하여 지급받는 교환적
부분과 현실의 근로 제공과는 무관하게 단순히 근로자로서의
지위에 기하여 받는 생활보장적 부분으로 나누고(이른바 임금2분
설) 이에 따라 법적 취급을 달리하는 것이 반드시 타당하다고
할 수도 없고, 실제로 현실의 임금 항목 모두를 교환적 부분
과 생활보장적 부분으로 준별하는 것은 경우에 따라 불가능

두 근로의 대가로 해석한다.

나. 최저임금의 보장

노동자가 생계를 유지할 수 있는 최소한의 생활비가 보장되어야 인간다운 생활이 이루어질 수 있으므로, 이를 위한 **최저수준 이상의 임금 지급을 법적으로 강제**하고 있다.

당초 최저임금제는 근기법에 의하여 시행해 오다가,[105] 1986년 12월 31일 별도로 최임법을 제정하면서 근

할 수 있으며, 임금2분설에서 전형적으로 생활보장적 임금이라고 설명하는 가족수당, 주택수당 등도 그 지급 내용을 보면 그것이 근로시간에 직접 또는 비례적으로 대응하지 않는다는 의미에서 근로 제공과의 밀접도가 약하기는 하지만 실질적으로는 근로자가 사용자가 의도하는 근로를 제공한 것에 대하여 그 대가로서 지급되는 것이지 단순히 근로자로서의 지위를 보유하고 있다는 점에 근거하여 지급한다고 할 수 없으며, 이러한 수당 등을 지급하게 된 것이 현실의 근로 제공과는 무관하게 단순히 근로자의 생활이나 지위를 보장하기 위한 것이라고 할 수도 없으므로, 이러한 수당 등을 현실적인 근로 제공의 대가가 아닌 것으로 보는 것은 임금의 지급 현실을 외면한 단순한 의제에 불과하다; 대법원 1995. 12. 21. 선고 94다26721 전원합의체 판결.

105) 제34조 (최저임금) ① 노동부장관은 필요에 의하여 일정한 사업 또는 직업에 종사하는 근로자를 위하여 최저임금을 정할 수 있다. ② 제1항의 규정에 의하여 노동부장관이 최저임금을 정하고저 할 경우에는 노동위원회의 동의를 얻어야 한다.
제35조 (최저임금통용의 예외) 최저임금이 정해진 경우에는 사

기법의 최저임금 관련 규정(제34조와 제35조)은 삭제되었다.

최임법은 노동자에 대하여 임금의 최저수준을 보장하여 생활안정과 노동력의 질적 향상을 기함으로써 국민경제의 건전한 발전에 이바지하게 함을 목적으로 한다(제1조).

그리고 최저임금은 근로자의 생계비, 유사 근로자의 임금, 노동생산성 및 소득분배율 등을 고려하여 정하며, 사업의 종류별로 구분하여 정할 수 있다(제4조 제1항).106)

그러나 예외적으로 1년 이상의 기간을 정하여 근로계약을 체결하고 수습 중에 있는 근로자로서 **수습을 시작한 날부터 3개월 이내인 사람**에 대하여는 대통령령으로 정하는 바에 따라 최저임금액과 다른 금액으로 최저임금액을 정할 수 있다(제5조 제2항 본문).107)

다만, 단순노무업무로 고용노동부장관이 정하여 고시한 직종에 종사하는 근로자는 제외한다(제5조 제2항 단서).

용자는 그 금액에 미달하는 임금으로 근로자를 사용할 수 없다. 다만 다음의 경우에는 예외로 한다.
1. 정신 또는 신체의 장해로 근로능력이 저위에 있는 자로서 노동부장관의 인가를 얻은 경우
2. 근로자의 사정으로 소정근로시간을 완료하지 못하는 경우
3. 수습사용중에 있는 자 또는 소정근로시간이 특히 짧은 자로서 노동부장관의 인가를 얻은 경우.
106) 사업의 종류별 구분은 최저임금위원회의 심의를 거쳐 고용노동부장관이 정한다(제4조 제2항).
107) 시간급 최저임금액에서 100분의 10을 뺀 금액을 그 근로자의 시간급 최저임금액으로 한다(영 제3조).

그리고 임금이 통상적으로 도급제나 그 밖에 이와 비슷한 형태로 정하여져 있는 경우로서 최저임금액을 정하는 것이 적당하지 아니하다고 인정되면 대통령령으로 정하는 바에 따라 최저임금액을 따로 정할 수 있다(제5조 제3항).[108]

2020년 및 2021년 적용 최저임금액은 아래 〈표 4〉와 같다.

〈표 4〉 최저임금액

구 분	시간급	월 환산액*
2020년	8,590원	1,795,310원
2021년	8,720원	1,822,480원

*월 환산액: 주 40시간을 근무할 경우, 월 환산시간 수 209시간(주당 유급주휴 8시간 포함) 기준

다. 임금의 지급방법

임금은 그 '금액'이 가장 중요한 문제이지만, 이를 신속하고 확실하게 수령하는 것도 중요하다. 최근에는 주로 노동자 본인의 예금계좌에 이체하는 방법으로 지급하고 있지만, 과거에는 간접적으로 지급하여 본인이 이를 수령하지 못하는 사례가 빈번히 발생하였기 때문이다.

---

108) 해당 근로자의 생산고(生產高) 또는 업적의 일정단위에 의하여 최저임금액을 정한다(영 제4조).

따라서 근기법은 **임금지급의 4대원칙**, 즉 ① 통화불의 원칙 ② 직접불의 원칙 ③ 전액불의 원칙 및 ④ 월 1회이 상, 정기불의 원칙[109]을 규정하여 노동자를 보호하고 있 다.[110]

그리고 임금지급을 지체하는 경우에는 사업주의 명단 을 공개하여 간접적으로 강제하고 있다.[111] 또한 도급의

---

109) 제43조(임금 지급) ① 임금은 통화(通貨)로 직접 근로자에 게 그 전액을 지급하여야 한다. 다만, 법령 또는 단체협약에 특별한 규정이 있는 경우에는 임금의 일부를 공제하거나 통 화 이외의 것으로 지급할 수 있다. ② 임금은 매월 1회 이상 일정한 날짜를 정하여 지급하여야 한다. 다만, 임시로 지급하 는 임금, 수당, 그 밖에 이에 준하는 것 또는 대통령령으로 정하는 임금에 대하여는 그러하지 아니하다.

110) 박상필, 「한국노동법」 (1993), 229~230면.

111) 제43조의2(체불사업주 명단 공개) ① 고용노동부장관은 제36조, 제43조, 제56조에 따른 임금, 보상금, 수당, 그 밖의 모든 금품(다음부터 '임금등'이라 한다)을 지급하지 아니한 사업주(법 인인 경우에는 그 대표자를 포함한다. 다음부터 '체불사업주'라 한다)가 명단 공 개 기준일 이전 3년 이내 임금등을 체불하여 2회 이상 유죄 가 확정된 자로서 명단 공개 기준일 이전 1년 이내 임금등의 체불총액이 3천만원 이상인 경우에는 그 인적사항 등을 공개 할 수 있다. 다만, 체불사업주의 사망·폐업으로 명단 공개의 실효성이 없는 경우 등 대통령령으로 정하는 사유가 있는 경 우에는 그러하지 아니하다. ② 고용노동부장관은 제1항에 따 라 명단 공개를 할 경우에 체불사업주에게 3개월 이상의 기 간을 정하여 소명 기회를 주어야 한다. ③ 제1항에 따른 체 불사업주의 인적사항 등에 대한 공개 여부를 심의하기 위하 여 고용노동부에 임금체불정보심의위원회(다음부터 이 조에서 '위원

경우에는 임금지급에 있어서 직상 수급인에게 그 하수급
인과의 연대책임을 부과하고 있다.112) 그리고 특별한 사유

회'라 한다)를 둔다. 이 경우 위원회의 구성·운영 등 필요한 사
항은 고용노동부령으로 정한다. ④ 제1항에 따른 명단 공개
의 구체적인 내용, 기간 및 방법 등 명단 공개에 필요한 사
항은 대통령령으로 정한다.

제43조의3(임금등 체불자료의 제공) ① 고용노동부장관은 「신
용정보의 이용 및 보호에 관한 법률」 제25조제2항제1호에
따른 종합신용정보집중기관이 임금등 체불자료 제공일 이전
3년 이내 임금등을 체불하여 2회 이상 유죄가 확정된 자로
서 임금등 체불자료 제공일 이전 1년 이내 임금등의 체불총
액이 2천만원 이상인 체불사업주의 인적사항과 체불액 등에
관한 자료(다음부터 "임금등 체불자료"라 한다)를 요구할 때에는 임금
등의 체불을 예방하기 위하여 필요하다고 인정하는 경우에
그 자료를 제공할 수 있다. 다만, 체불사업주의 사망·폐업으
로 임금등 체불자료 제공의 실효성이 없는 경우 등 대통령령
으로 정하는 사유가 있는 경우에는 그러하지 아니하다. ②
제1항에 따라 임금등 체불자료를 받은 자는 이를 체불사업주
의 신용도·신용거래능력 판단과 관련한 업무 외의 목적으로
이용하거나 누설하여서는 아니 된다. ③ 제1항에 따른 임금
등 체불자료의 제공 절차 및 방법 등 임금등 체불자료의 제
공에 필요한 사항은 대통령령으로 정한다.

112) 제44조(도급 사업에 대한 임금 지급) ① 사업이 한 차례
이상의 도급에 따라 행하여지는 경우에 하수급인(下受給人)(도급
이 한 차례에 걸쳐 행하여진 경우에는 수급인을 말한다)이 직상(直上) 수급인
(도급이 한 차례에 걸쳐 행하여진 경우에는 도급인을 말한다)의 귀책사유로
근로자에게 임금을 지급하지 못한 경우에는 그 직상 수급인
은 그 하수급인과 연대하여 책임을 진다. 다만, 직상 수급인
의 귀책사유가 그 상위 수급인의 귀책사유에 의하여 발생한
경우에는 그 상위 수급인도 연대하여 책임을 진다. ② 제1항

의 귀책사유 범위는 대통령령으로 정한다.

제44조의2(건설업에서의 임금 지급 연대책임) ① 건설업에서 사업이 2차례 이상 건설산업기본법 제2조 제11호에 따른 도급(다음부터 '공사도급'이라 한다)이 이루어진 경우에 같은 법 제2조 제7호에 따른 건설사업자가 아닌 하수급인이 그가 사용한 근로자에게 임금(해당 건설공사에서 발생한 임금으로 한정한다)을 지급하지 못한 경우에는 그 직상 수급인은 하수급인과 연대하여 하수급인이 사용한 근로자의 임금을 지급할 책임을 진다. ② 제1항의 직상 수급인이 건설산업기본법 제2조 제7호에 따른 건설사업자가 아닌 때에는 그 상위 수급인 중에서 최하위의 같은 호에 따른 건설사업자를 직상 수급인으로 본다.

제44조의3(건설업의 공사도급에 있어서의 임금에 관한 특례) ① 공사도급이 이루어진 경우로서 다음 각 호의 어느 하나에 해당하는 때에는 직상 수급인은 하수급인에게 지급하여야 하는 하도급 대금 채무의 부담 범위에서 그 하수급인이 사용한 근로자가 청구하면 하수급인이 지급하여야 하는 임금(해당 건설 공사에서 발생한 임금으로 한정한다)에 해당하는 금액을 근로자에게 직접 지급하여야 한다. 1. 직상 수급인이 하수급인을 대신하여 하수급인이 사용한 근로자에게 지급하여야 하는 임금을 직접 지급할 수 있다는 뜻과 그 지급방법 및 절차에 관하여 직상 수급인과 하수급인이 합의한 경우 2. 민사집행법 제56조 제3호에 따른 확정된 지급명령, 하수급인의 근로자에게 하수급인에 대하여 임금채권이 있음을 증명하는 같은 법 제56조제4호에 따른 집행증서, 소액사건심판법 제5조의7에 따라 확정된 이행권고결정, 그 밖에 이에 준하는 집행권원이 있는 경우 3. 하수급인이 그가 사용한 근로자에 대하여 지급하여야 할 임금채무가 있음을 직상 수급인에게 알려주고, 직상 수급인이 파산 등의 사유로 하수급인이 임금을 지급할 수 없는 명백한 사유가 있다고 인정하는 경우 ② 건설산업기본법 제2조 제10호에 따른 발주자의 수급인(다음부터 '원수급인'이라 한다)으로부터 공사도급이 2차례 이상 이루어진 경우로서 하수급

가 있는 경우에는 임금의 지급기일 전이라도 이미 제공한 근로에 대한 임금을 지급하도록 하였다.113)

그리고 사용자의 귀책사유로 휴업하는 경우에는 **휴업 수당**을 지급하여야 한다.114)

인(도급받은 하수급인으로부터 재하도급 받은 하수급인을 포함한다. 다음부터 이 항에서 같다)이 사용한 근로자에게 그 하수급인에 대한 제1항 제2호에 따른 집행권원이 있는 경우에는 근로자는 하수급인이 지급하여야 하는 임금(해당 건설공사에서 발생한 임금으로 한정한다)에 해당하는 금액을 원수급인에게 직접 지급할 것을 요구할 수 있다. 원수급인은 근로자가 자신에 대하여 민법 제404조에 따른 채권자대위권을 행사할 수 있는 금액의 범위에서 이에 따라야 한다. ③ 직상 수급인 또는 원수급인이 제1항 및 제2항에 따라 하수급인이 사용한 근로자에게 임금에 해당하는 금액을 지급한 경우에는 하수급인에 대한 하도급 대금 채무는 그 범위에서 소멸한 것으로 본다.

제47조(도급 근로자) 사용자는 도급이나 그 밖에 이에 준하는 제도로 사용하는 근로자에게 근로시간에 따라 일정액의 임금을 보장하여야 한다.

113) 제45조(비상시 지급) 사용자는 근로자가 출산, 질병, 재해, 그 밖에 대통령령으로 정하는 비상(非常)한 경우의 비용에 충당하기 위하여 임금 지급을 청구하면 지급기일 전이라도 이미 제공한 근로에 대한 임금을 지급하여야 한다.

114) 제46조(휴업수당) ① 사용자의 귀책사유로 휴업하는 경우에 사용자는 휴업기간 동안 그 근로자에게 평균임금의 **100분의 70 이상의 수당**을 지급하여야 한다. 다만, 평균임금의 100분의 70에 해당하는 금액이 통상임금을 초과하는 경우에는 통상임금을 휴업수당으로 지급할 수 있다. ② 제1항에도 불구하고 부득이한 사유로 사업을 계속하는 것이 불가능하여 노동위원회의 승인을 받은 경우에는 제1항의 기준에 못 미치

라. 퇴직급여의 보장

사용자가 퇴직하는 근로자에게 지급하는 퇴직급여 제도에 관하여는 「근로자퇴직급여 보장법」이 정하는 대로 따른다(제34조).

마. 임금채권의 우선변제권

근기법115)과 근퇴법116)은 임금채권은 다른 채권에 비

는 휴업수당을 지급할 수 있다.

115) 제38조(임금채권의 우선변제) ① 임금, 재해보상금, 그 밖에 근로 관계로 인한 채권은 사용자의 총재산에 대하여 질권(質權)·저당권 또는 「동산·채권 등의 담보에 관한 법률」에 따른 담보권에 따라 담보된 채권 외에는 조세·공과금 및 다른 채권에 우선하여 변제되어야 한다. 다만, 질권·저당권 또는 「동산·채권 등의 담보에 관한 법률」에 따른 담보권에 우선하는 조세·공과금에 대하여는 그러하지 아니하다. ② 제1항에도 불구하고 다음 각 호의 어느 하나에 해당하는 채권은 사용자의 총재산에 대하여 질권·저당권 또는 「동산·채권 등의 담보에 관한 법률」에 따른 담보권에 따라 담보된 채권, 조세·공과금 및 다른 채권에 우선하여 변제되어야 한다. 1. **최종 3개월분의 임금** 2. **재해보상금.**

116) 제12조(퇴직급여등의 우선변제) ① 사용자에게 지급의무가 있는 퇴직금, 제15조에 따른 확정급여형퇴직연금제도의 급여, 제20조 제3항에 따른 확정기여형퇴직연금제도의 부담금 중 미납입 부담금 및 미납입 부담금에 대한 지연이자, 제

하여 우선변제를 받을 수 있는 권리를 보장하고 있으며, 특히 최종 3개월분의 임금·최종 3년간의 퇴직급여등·재해보상금(최우선임금채권)에 대하여는 담보권보다도 우선하는 강력한 규정을 두고 있다.

바. 임금채권의 지급 보장

1997년 IMF로부터 긴급유동성 지원을 받는 시기를 전후하여 기업의 파산과 이에 따른 실업 등으로 노동자들이 임금을 제대로 지급받지 못하는 사례가 폭증하였다.

이에 경기의 변동 및 산업구조의 변화 등으로 사업의

25조 제2항 제4호에 따른 개인형퇴직연금제도의 부담금 중 미납입 부담금 및 미납입 부담금에 대한 지연이자(다음부터 '퇴직급여등'이라 한다)는 사용자의 총재산에 대하여 질권 또는 저당권에 의하여 담보된 채권을 제외하고는 조세·공과금 및 다른 채권에 우선하여 변제되어야 한다. 다만, 질권 또는 저당권에 우선하는 조세·공과금에 대하여는 그러하지 아니하다. ② 제1항에도 불구하고 **최종 3년간의 퇴직급여등**은 사용자의 총재산에 대하여 질권 또는 저당권에 의하여 담보된 채권, 조세·공과금 및 다른 채권에 우선하여 변제되어야 한다. ③ 퇴직급여등 중 퇴직금, 제15조에 따른 확정급여형퇴직연금제도의 급여는 계속근로기간 1년에 대하여 30일분의 평균임금으로 계산한 금액으로 한다. ④ 퇴직급여등 중 제20조 제1항에 따른 확정기여형퇴직연금제도의 부담금 및 제25조 제2항 제2호에 따른 개인형퇴직연금제도의 부담금은 가입자의 연간 임금총액의 12분의 1에 해당하는 금액으로 계산한 금액으로 한다.

계속이 불가능하거나 기업의 경영이 불안정하여 **임금을 지급받지 못한 상태로 퇴직한 노동자**에게 임금의 일부의 지급을 보장하여 노동자의 생활안정에 이바지하기 위하여 1998년 2월 20일 임보법을 제정하여 1998년 7월 1일부터 시행하였다.

사업주가 채무자회생법상 회생이나 파산절차를 진행하는 등 임금을 지급하지 못하는 사유가 발생한 경우에117) 고용노동부장관이 퇴직한 노동자가 지급받지 못한 임금등의 일부를 대신 지급하고118) 노동자의 권리를 사업주에게

---

117) 제7조(체불 임금등의 지급) ① 고용노동부장관은 사업주가 다음 각 호의 어느 하나에 해당하는 경우에 퇴직한 근로자가 지급받지 못한 임금등의 지급을 청구하면 제3자의 변제에 관한 민법 제469조에도 불구하고 그 근로자의 미지급 임금등을 사업주를 대신하여 지급한다. 1. 「채무자 회생 및 파산에 관한 법률」에 따른 **회생절차개시의 결정**이 있는 경우 2. 「채무자 회생 및 파산에 관한 법률」에 따른 **파산선고의 결정**이 있는 경우 3. 고용노동부장관이 대통령령으로 정한 요건과 절차에 따라 미지급 임금등을 **지급할 능력이 없다고 인정**하는 경우 4. 사업주가 근로자에게 미지급 임금등을 지급하라는 다음 각 목의 어느 하나에 해당하는 **판결, 명령, 조정 또는 결정** 등이 있는 경우. 가. 민사집행법 제24조에 따른 확정된 종국판결 나. 민사집행법 제56조 제3호에 따른 확정된 지급명령 다. 민사집행법 제56조 제5호에 따른 소송상 화해, 청구의 인낙(認諾) 등 확정판결과 같은 효력을 가지는 것 라. 민사조정법 제28조에 따라 성립된 조정 마. 민사조정법 제30조에 따른 확정된 조정을 갈음하는 결정 바. 소액사건심판법 제5조의7 제1항에 따른 확정된 이행권고결정.

118) 제7조(체불 임금등의 지급) ② 제1항에 따라 고용노동부

대위하여 행사한다.119)

사. 임금대장

사용자는 각 사업장별로 임금대장을 작성하고 임금과 가족수당 계산의 기초가 되는 사항, 임금액, 그 밖에 대통령령으로 정하는 사항을 임금을 지급할 때마다 적어야 한다(제48조).

장관이 사업주를 대신하여 지급하는 임금등[다음부터 '체당금(替當金)'이라 한다]의 범위는 다음 각 호와 같다. 다만, 대통령령으로 정하는 바에 따라 제1항 제1호부터 제3호까지의 규정에 따른 체당금의 상한액과 같은 항 제4호에 따른 체당금의 상한액은 근로자의 퇴직 당시의 연령 등을 고려하여 따로 정할 수 있으며 체당금이 적은 경우에는 지급하지 아니할 수 있다. 1. 근로기준법 제38조 제2항 제1호에 따른 임금 및 「근로자퇴직급여 보장법」 제12조 제2항에 따른 최종 3년간의 퇴직급여등 2. 근로기준법 제46조에 따른 휴업수당(최종 3개월분으로 한정한다) ③ 근로자가 같은 근무기간 또는 같은 휴업기간에 대하여 제1항 제1호부터 제3호까지의 규정에 따른 체당금을 지급받은 때에는 같은 항 제4호에 따른 체당금은 지급하지 아니하며, 제1항 제4호에 따른 체당금을 지급받은 때에는 해당 금액을 공제하고 같은 항 제1호부터 제3호까지의 규정에 따른 체당금을 지급한다.

119) 제8조(미지급 임금등의 청구권의 대위) ① 고용노동부장관은 제7조에 따라 근로자에게 체당금을 지급하였을 때에는 그 지급한 금액의 한도에서 그 근로자가 해당 사업주에 대하여 미지급 임금등을 청구할 수 있는 권리를 대위(代位)한다. ② 근로기준법 제38조 제2항에 따른 임금채권 우선변제권 및 「근로자퇴직급여 보장법」 제12조 제2항에 따른 퇴직급여등 채권 우선변제권은 제1항에 따라 대위되는 권리에 존속한다.

아. 임금의 시효

이 법에 따른 임금채권은 **3년**간 행사하지 아니하면 시효로 소멸한다(제49조).

2. 근로시간

가. 근로시간 규제의 의미

장시간 근로는 생산성의 저하뿐만 아니라 노동자의 건강을 해치고 산업재해의 원인이 되어 인간다운 생활권을 침해하게 된다. 따라서 앞에서 본 바와 같이, 임금은 최소한 지급받아야 할 금액을 최저임금으로 정하고, 근로시간은 더 이상 할 수 없는 최대한을 정한다.

나. 1일 8시간, 1주 40시간

그동안 ILO는 1919년 1주 48시간제(제1호 협약), 1935년 1주 40시간제(제47호 협약)를 채택하였다.

이에 따라 세계 각국은 근로시간 단축을 법제화하였

고, 우리나라도 이러한 추세에 따라 1953년 1주 48시간제, 1989년 1주 44시간제, 2003년 1주 40시간제를 도입하였다.[120] 그리고 연소자(15세 이상 18세 미만)의 근로시간은 1일 7시간, 1주 35시간이다.[121]

2018년 3월 20일 개정(시행: 2021.7.1.)에서는 ① 그동안 논란이 되어 온 '1주'의 범위에 일요일이 포함되느냐 여부에 관하여, '1주'가 휴일을 포함한 연속된 7일임을 명확히 하였고(제2조 제1항 제7호 신설),[122] ② 연소자의 1주간 근로시간

---

120) 제50조(근로시간) ① 1주 간의 근로시간은 휴게시간을 제외하고 40시간을 초과할 수 없다. ② 1일의 근로시간은 휴게시간을 제외하고 8시간을 초과할 수 없다. ③ 제1항 및 제2항에 따라 근로시간을 산정하는 경우 작업을 위하여 근로자가 사용자의 지휘·감독 아래에 있는 대기시간 등은 근로시간으로 본다.

121) 제69조(근로시간) 15세 이상 18세 미만인 사람의 근로시간은 1일에 7시간, 1주에 35시간을 초과하지 못한다. 다만, 당사자 사이의 합의에 따라 1일에 1시간, 1주에 5시간을 한도로 연장할 수 있다.

122) 시행일은 다음과 같다. 1. 상시 300명 이상의 근로자를 사용하는 사업 또는 사업장, 「공공기관의 운영에 관한 법률」 제4조에 따른 공공기관, 「지방공기업법」 제49조 및 같은 법 제76조에 따른 지방공사 및 지방공단, 국가·지방자치단체 또는 정부투자기관이 자본금의 2분의 1 이상을 출자하거나 기본재산의 2분의 1 이상을 출연한 기관·단체와 그 기관·단체가 자본금의 2분의 1 이상을 출자하거나 기본재산의 2분의 1 이상을 출연한 기관·단체, 국가 및 지방자치단체의 기관: 2018년 7월 1일(제59조의 개정규정에 따라 근로시간 및 휴게시간의 특례를 적용받지 아니하게 되는 업종의 경우 2019년 7월 1일) 2. 상시

한도를 기존 40시간에서 35시간으로 축소하였다(제69조).

다. 연장근로

근기법은 ① 당사자의 합의에 의한 **1주일 12시간**을 한도로하는 연장근로를 인정하고 있으며,[123] ② 특별한 사정이 있는 경우에 본인의 동의와 노동부장관의 인가를 조건으로하는 이 연장근로시간의 **연장**도 할 수 있다.[124]

2018년 3월 20일 개정에서는 연장근로에 관하여 다음과 같이 몇 가지 사항을 개정하였다. ① 먼저, 사용자가

50명 이상 300명 미만의 근로자를 사용하는 사업 또는 사업장: 2020년 1월 1일 3. 상시 5명 이상 50명 미만의 근로자를 사용하는 사업 또는 사업장: 2021년 7월 1일

123) 제53조(연장 근로의 제한) ① 당사자 간에 합의하면 1주 간에 12시간을 한도로 제50조의 근로시간을 연장할 수 있다. ② 당사자 간에 합의하면 1주 간에 12시간을 한도로 제51조의 근로시간을 연장할 수 있고, 제52조 제2호의 정산기간을 평균하여 1주 간에 12시간을 초과하지 아니하는 범위에서 제52조의 근로시간을 연장할 수 있다.

124) 제53조(연장 근로의 제한) ④ 사용자는 특별한 사정이 있으면 고용노동부장관의 인가와 근로자의 동의를 받아 제1항과 제2항의 근로시간을 연장할 수 있다. 다만, 사태가 급박하여 고용노동부장관의 인가를 받을 시간이 없는 경우에는 사후에 지체 없이 승인을 받아야 한다. ⑤ 고용노동부장관은 제4항에 따른 근로시간의 연장이 부적당하다고 인정하면 그 후 연장시간에 상당하는 휴게시간이나 휴일을 줄 것을 명할 수 있다.

근로자대표와 서면으로 합의한 경우 주(週) 12시간을 초과
하여 연장근로를 하게 하거나 휴게시간을 변경할 수 있는
개인 근로시간 특례업종을 육상운송업 등 5개로 제한하고
(제59조 제1항, 시행일: 2018.7.1), 근로시간특례가 유지되는 업종에
대해서도 근로일 사이에 11시간 이상의 연속휴식시간을
부여하도록 하였다(제59조 제2항, 시행일: 2018.9.1).[125]

② 그리고 2021년 7월부터 2022년까지 30명 미만 중소
사업장에 대해서는 노사합의로 8시간의 특별연장근로 허
용하였다(제53조 제3항 및 제6항).[126]

---

[125] 제59조(근로시간 및 휴게시간의 특례) ① 통계법 제22조
제1항에 따라 통계청장이 고시하는 산업에 관한 표준의 중분
류 또는 소분류 중 다음 각 호의 어느 하나에 해당하는 사업
에 대하여 사용자가 근로자대표와 서면으로 합의한 경우에는
제53조 제1항에 따른 주(週) 12시간을 초과하여 연장근로를
하게 하거나 제54조에 따른 휴게시간을 변경할 수 있다. 1.
육상운송 및 파이프라인 운송업. 다만, 「여객자동차 운수사
업법」제3조 제1항 제1호에 따른 노선(路線) 여객자동차운송
사업은 제외한다. 2. 수상운송업 3. 항공운송업 4. 기타 운송
관련 서비스업 5. 보건업 ② 제1항의 경우 사용자는 근로일
종료 후 다음 근로일 개시 전까지 근로자에게 연속하여 11
시간 이상의 휴식 시간을 주어야 한다.

[126] 제53조(연장 근로의 제한) ③ 상시 30명 미만의 근로자를
사용하는 사용자는 다음 각 호에 대하여 근로자대표와 서면
으로 합의한 경우 제1항 또는 제2항에 따라 연장된 근로시
간에 더하여 1주 간에 8시간을 초과하지 아니하는 범위에서
근로시간을 연장할 수 있다. 1. 제1항 또는 제2항에 따라 연
장된 근로시간을 초과할 필요가 있는 사유 및 그 기간 2. 대
상 근로자의 범위 ⑥ 제3항은 15세 이상 18세 미만의 근로

③ 그리고 산후 여성에 대한 근로시간도 제한하였
다.127) ④ 또한 8시간 이내의 휴일근로에 대해서는 통상임
금의 100분의 50을 가산하여 지급하고, 8시간을 초과하는
휴일근로에 대해서 통상임금의 100분의 100을 가산하여
지급하도록 하였다(제56조 제2항 신설).128)

라. 탄력적 및 선택적 근로시간제

근기법에는 탄력적 근로시간제129)와 선택적 근로시간

자에 대하여는 적용하지 아니한다.

127) 제71조(시간외근로) 사용자는 산후 1년이 지나지 아니한
여성에 대하여는 단체협약이 있는 경우라도 1일에 2시간, 1
주에 6시간, 1년에 150시간을 초과하는 시간외근로를 시키
지 못한다.

128) 제56조(연장·야간 및 휴일 근로) ① 사용자는 연장근로
(제53조·제59조 및 제69조 단서에 따라 연장된 시간의 근로를 말한다)에 대하여
는 통상임금의 100분의 50 이상을 가산하여 근로자에게 지
급하여야 한다. ② 제1항에도 불구하고 사용자는 휴일근로에
대하여는 다음 각 호의 기준에 따른 금액 이상을 가산하여
근로자에게 지급하여야 한다. 1. 8시간 이내의 휴일근로: 통
상임금의 100분의 50 2. 8시간을 초과한 휴일근로: **통상임
금의 100분의 100** ③ 사용자는 야간근로(오후 10시부터 다음 날 오
전 6시 사이의 근로를 말한다)에 대하여는 통상임금의 100분의 50
이상을 가산하여 근로자에게 지급하여야 한다.

129) 제51조(탄력적 근로시간제) ① 사용자는 취업규칙(취업규칙
에 준하는 것을 포함한다)에서 정하는 바에 따라 2주 이내의 일정한
단위기간을 평균하여 1주 간의 근로시간이 제50조 제1항의

제130)를 규정하고 있으며, 특정 업무의 경우 근로시간에

근로시간을 초과하지 아니하는 범위에서 특정한 주에 제50
조 제1항의 근로시간을, 특정한 날에 제50조 제2항의 근로시
간을 초과하여 근로하게 할 수 있다. 다만, 특정한 주의 근로
시간은 48시간을 초과할 수 없다. ② 사용자는 근로자대표와
의 서면 합의에 따라 다음 각 호의 사항을 정하면 3개월 이
내의 단위기간을 평균하여 1주 간의 근로시간이 제50조 제1
항의 근로시간을 초과하지 아니하는 범위에서 특정한 주에
제50조 제1항의 근로시간을, 특정한 날에 제50조 제2항의
근로시간을 초과하여 근로하게 할 수 있다. 다만, 특정한 주
의 근로시간은 52시간을, 특정한 날의 근로시간은 12시간을
초과할 수 없다. 1. 대상 근로자의 범위 2. 단위기간(3개월 이내
의 일정한 기간으로 정하여야 한다) 3. 단위기간의 근로일과 그 근로일
별 근로시간 4. 그 밖에 대통령령으로 정하는 사항 ③ 제1항
과 제2항은 15세 이상 18세 미만의 근로자와 임신 중인 여
성 근로자에 대하여는 적용하지 아니한다. ④ 사용자는 제1
항 및 제2항에 따라 근로자를 근로시킬 경우에는 기존의 임
금 수준이 낮아지지 아니하도록 임금보전방안(賃金補塡方案)을
강구하여야 한다.

130) 제52조(선택적 근로시간제) 사용자는 취업규칙(취업규칙에 준
하는 것을 포함한다)에 따라 업무의 시작 및 종료 시각을 근로자
의 결정에 맡기기로 한 근로자에 대하여 근로자대표와의 서면
합의에 따라 다음 각 호의 사항을 정하면 1개월 이내의 정산
기간을 평균하여 1주간의 근로시간이 제50조 제1항의 근로시
간을 초과하지 아니하는 범위에서 1주 간에 제50조 제1항의
근로시간을, 1일에 제50조 제2항의 근로시간을 초과하여 근로
하게 할 수 있다. 1. 대상 근로자의 범위(15세 이상 18세 미만의
근로자는 제외한다) 2. 정산기간(1개월 이내의 일정한 기간으로 정하여
야 한다) 3. 정산기간의 총 근로시간 4. 반드시 근로하여야 할
시간대를 정하는 경우에는 그 시작 및 종료 시각 5. 근로자가
그의 결정에 따라 근로할 수 있는 시간대를 정하는 경우에는

관한 규정의 적용에서 배제한다.[131]

3. 해고

가. 해고의 제한

해고는 노동자의 의사와는 관계없이 사용자가 그의 일방적인 의사에 의하여 근로계약 내지 근로관계를 종료하게 하는 법률행위를 말한다.

노동자가 본인의 사정에 의하여 스스로 근로관계를 종료하는 것은 문제가 없지만, 사용자에 의하여 일방적으로 종료하게 되면 정상적인 생활이 어렵게 되어 인간다운 생활권을 침해하게 된다.

그 시작 및 종료 시각 6. 그 밖에 대통령령으로 정하는 사항.

131) 제63조(적용의 제외) 이 장과 제5장에서 정한 근로시간, 휴게와 휴일에 관한 규정은 다음 각 호의 어느 하나에 해당하는 근로자에 대하여는 적용하지 아니한다. 1. 토지의 경작·개간, 식물의 재식(栽植)·재배·채취 사업, 그 밖의 농림 사업 2. 동물의 사육, 수산 동식물의 채포(採捕)·양식 사업, 그 밖의 축산, 양잠, 수산 사업 3. 감시(監視) 또는 단속적(斷續的)으로 근로에 종사하는 사람으로서 사용자가 고용노동부장관의 승인을 받은 사람 4. 대통령령으로 정하는 업무에 종사하는 근로자.

　따라서 근기법은 해고를 당사자간의 계약자유의 원칙에 맡기지 않고 법으로 엄격하게 제한하고 있다.

　## 나. 해고의 요건

　근기법은 **일반적인 해고제한**132)과 **정리해고**133)로 구분

---

132) 제23조(해고 등의 제한) ① 사용자는 근로자에게 정당한 이유 없이 해고, 휴직, 정직, 전직, 감봉, 그 밖의 징벌(懲罰) (다음부터 '부당해고등'이라 한다)을 하지 못한다.

133) 제24조(경영상 이유에 의한 해고의 제한) ① 사용자가 경영상 이유에 의하여 근로자를 해고하려면 긴박한 경영상의 필요가 있어야 한다. 이 경우 경영 악화를 방지하기 위한 사업의 양도·인수·합병은 긴박한 경영상의 필요가 있는 것으로 본다. ② 제1항의 경우에 사용자는 해고를 피하기 위한 노력을 다하여야 하며, 합리적이고 공정한 해고의 기준을 정하고 이에 따라 그 대상자를 선정하여야 한다. 이 경우 남녀의 성을 이유로 차별하여서는 아니 된다. ③ 사용자는 제2항에 따른 해고를 피하기 위한 방법과 해고의 기준 등에 관하여 그 사업 또는 사업장에 근로자의 과반수로 조직된 노동조합이 있는 경우에는 그 노동조합(근로자의 과반수로 조직된 노동조합이 없는 경우에는 근로자의 과반수를 대표하는 자를 말한다. 다음부터 '근로자대표'라 한다)에 해고를 하려는 날의 50일 전까지 통보하고 성실하게 협의하여야 한다. ④ 사용자는 제1항에 따라 대통령령으로 정하는 일정한 규모 이상의 인원을 해고하려면 대통령령으로 정하는 바에 따라 고용노동부장관에게 신고하여야 한다. ⑤ 사용자가 제1항부터 제3항까지의 규정에 따른 요건을 갖추어 근로자를 해고한 경우에는 제23조 제1항에 따른 정당한 이유가 있는 해고를 한 것으로 본다.

하여 규정하고 있다.

이 양자의 관계를 별개로 구별하여 해석하는 견해도 있지만, 필자는 일반적인 해고제한 규정은 원론적 규정이고 정리해고는 특별규정으로 해석한다. 따라서 정리해고 요건도 일반적인 해고요건의 원칙에 따라 해석하여야 한다.134)

그리고 업무상 질병·부상과 산전·후에는 해고가 금지된다.135)

또한 해고의 요건을 갖추어 해고하는 경우에도 시간적 여유를 주어 **30일 전에 그 예고**를 하여야 하고,136) 해고통

---

134) 임종률, 「노동법」 (2020), 554면.

135) 제23조(해고 등의 제한) ② 사용자는 근로자가 업무상 부상 또는 질병의 요양을 위하여 휴업한 기간과 그 후 30일 동안 또는 산전(産前)·산후(産後)의 여성이 이 법에 따라 휴업한 기간과 그 후 30일 동안은 해고하지 못한다. 다만, 사용자가 제84조에 따라 일시보상을 하였을 경우 또는 사업을 계속할 수 없게 된 경우에는 그러하지 아니하다.

136) 제26조(해고의 예고) 사용자는 근로자를 해고(경영상 이유에 의한 해고를 포함한다)하려면 적어도 30일 전에 예고를 하여야 하고, 30일 전에 예고를 하지 아니하였을 때에는 30일분 이상의 통상임금을 지급하여야 한다. 다만, 다음 각 호의 어느 하나에 해당하는 경우에는 그러하지 아니하다. 1. 근로자가 계속 근로한 기간이 3개월 미만인 경우 2. 천재·사변, 그 밖의 부득이한 사유로 사업을 계속하는 것이 불가능한 경우 3. 근로자가 고의로 사업에 막대한 지장을 초래하거나 재산상 손해를 끼친 경우로서 고용노동부령으로 정하는 사유에 해당하는 경우.

지는 서면으로 하여야 한다.[137]

제3절 사용자가 안 지킬 때는 어떻게?

1. 기본으로 깔아주는 의미

국가가 노동자에게 기본으로 깔아주면 그것으로 끝나지 아무런 문제가 발생하지 않는다고 생각할 수도 있다.

그러나 노동법에서는 국가가 노동자에게 기본으로 깔아주더라도 직접 노동자에게 제공하는 게 아니고,[138] 노동자와 계약을 하는 사용자에게 법적으로 강제하여 **간접적으로** 노동자에게 기본을 보장해 주는 것이다.

따라서 사용자가 국가가 법으로 지시하는 내용을 지키지 않을 때는 어떻게 할 것이냐 하는 문제가 남는다.[139]

---

137) 제27조(해고사유 등의 서면통지) ① 사용자는 근로자를 해고하려면 **해고사유와 해고시기**를 서면으로 통지하여야 한다. ② 근로자에 대한 해고는 제1항에 따라 서면으로 통지하여야 효력이 있다. ③ 사용자가 제26조에 따른 해고의 예고를 해고사유와 해고시기를 명시하여 서면으로 한 경우에는 제1항에 따른 통지를 한 것으로 본다.

138) 이 점에서 사회보장법과 차이가 난다.

2. 행정적 구제

가. 노동청에 진정이나 고소

근기법의 목적이 근로조건의 최저기준을 설정함으로써 근로자를 보호하고자 하는 데 있다. 이를 위하여 근기법에서 정하는 최저기준에 미달하는 근로계약은 무효로 하고, 위반한 사용자는 형사처벌한다.

그러나 근기법상의 법정기준에 대하여 일정한 효력을 인정하고 개별적 근로계약를 규제한다고 하더라도 사용자가 이를 준수하지 않는 경우에는 민사상의 구제절차에 의하여 구제를 받을 수밖에 없으며, 형사상의 제재도 위반행위를 예방하는 데 어느 정도의 효과는 기대할 수 있어도 노동자의 권리나 이익을 직접적으로 보장하는 수단이 될 수는 없다.

특히, 노동자는 근기법에서 보장한 권익을 직접적으로 향유하여야 한다고 할 때, 사후적인 구제조치 또는 형사상의 제재만으로는 실효성을 거둘 수가 없다.

---

139) 사실 사용자는 국가만 가만히 있으면 노동자는 기본을 안 깔아주어도 일할 사람은 많은데, 괜히 국가나 노동법이 원망스러울 수도 있다.

그러므로 사용자가 근기법 등 최저근로조건을 지키지 아니할 경우에는 먼저 **노동청에 진정 혹은 고소**하는 것이 가장 효율적이다. 이는 근기법에서 보장하고 있는 권리이다.[140] 이를 대비하여 근기법은 고용노동부장관의 권한 일부를 지방고용노동관서에 위임하여 신속하게 처리하도록 하고 있다.[141] 또한 절차적으로도 인터넷으로 노동청 홈페이지 '민원마당'에서 온라인으로 진정을 제기하거나, 사업장 소재지 관할 고용노동관서 고객지원실을 방문하여 사전 상담 후 진정 또는 고소할 수 있다.

나. 근로감독관제도

사용자의 위반행위를 전문적인 행정관청에 의하여 감시·감독하도록 하고, 위반행위가 있을 때에는 신속하게 시정하도록 함으로써 근기법상의 기준의 실효성이 확보되도록 하는 감독제도가 필요하다.[142] 이러한 요청에 부응하여

---

140) 제104조(감독 기관에 대한 신고) ① 사업 또는 사업장에서 이 법 또는 이 법에 따른 대통령령을 위반한 사실이 있으면 근로자는 그 사실을 고용노동부장관이나 근로감독관에게 통보할 수 있다. ② 사용자는 제1항의 통보를 이유로 근로자에게 해고나 그 밖에 불리한 처우를 하지 못한다.

141) 제106조(권한의 위임) 이 법에 따른 고용노동부장관의 권한은 대통령령으로 정하는 바에 따라 그 일부를 지방고용노동관서의 장에게 위임할 수 있다.

142) 박상필, 「한국노동법」 (1993), 354~355면.

설정한 것이 근로감독관제도이다.[143]

　근로감독관은 **현장조사 및 심문**을 할 수 있고,[144] 사법경찰직무법[145]상 **사법경찰관의 지위**도 가지므로,[146] 근

---

143) 제101조(감독 기관) ① 근로조건의 기준을 확보하기 위하여 고용노동부와 그 소속 기관에 근로감독관을 둔다. ② 근로감독관의 자격, 임면(任免), 직무 배치에 관한 사항은 대통령령으로 정한다.

144) 제102조(근로감독관의 권한) ① 근로감독관은 사업장, 기숙사, 그 밖의 부속 건물을 현장조사하고 장부와 서류의 제출을 요구할 수 있으며 사용자와 근로자에 대하여 심문(尋問)할 수 있다. ② 의사인 근로감독관이나 근로감독관의 위촉을 받은 의사는 취업을 금지하여야 할 질병에 걸릴 의심이 있는 근로자에 대하여 검진할 수 있다. ③ 제1항 및 제2항의 경우에 근로감독관이나 그 위촉을 받은 의사는 그 신분증명서와 고용노동부장관의 현장조사 또는 검진지령서(檢診指令書)를 제시하여야 한다. ④ 제3항의 현장조사 또는 검진지령서에는 그 일시, 장소 및 범위를 분명하게 적어야 한다. ⑤ 근로감독관은 이 법이나 그 밖의 노동 관계 법령 위반의 죄에 관하여 「사법경찰관리의 직무를 행할 자와 그 직무범위에 관한 법률」에서 정하는 바에 따라 사법경찰관의 직무를 수행한다.

145) 이 법의 정식 명칭은 「사법경찰관리의 직무를 수행할 자와 그 직무범위에 관한 법률」이다.

146) 제6조의2(근로감독관 등) ① 근로기준법에 따른 근로감독관은 그의 관할 구역에서 발생하는 다음 각 호의 법률에 규정된 범죄에 관하여 사법경찰관의 직무를 수행한다. 1. 근로기준법 2. 최저임금법 3. 남녀고용평등법 4. 임금채권보장법 5. 산업안전보건법 6. 「진폐의 예방과 진폐근로자의 보호 등에 관한 법률」7. 「노동조합 및 노동관계조정법」8. 「교원의 노동조합 설립 및 운영 등에 관한 법률」9. 「근로자참여 및 협력증진에 관한 법률」10. 근로복지기본법 11. 「건

로감독관은 형사소송법상 사법경찰관으로서 범죄의 혐의
가 있다고 인식하는 때에는 범인, 범죄사실과 증거에 관
하여 **수사를 개시 · 진행**하여야 한다.147)

그러나 근로감독관의 직무를 벗어난 범죄의 수사에 관
하여는 권한의 제한이 있다.148)

설근로자의 고용개선 등에 관한 법률」12. 「파견근로자 보
호 등에 관한 법률」13. 「근로자퇴직급여 보장법」14. 「공
무원의 노동조합 설립 및 운영 등에 관한 법률」15. 「기간
제 및 단시간근로자 보호 등에 관한 법률」16. 「고용상 연
령차별금지 및 고령자고용촉진에 관한 법률」② 지방고용노
동청, 지방고용노동청 지청 및 그 출장소에 근무하며 근로감
독, 노사협력, 산업안전, 근로여성 보호 등의 업무에 종사하
는 8급·9급의 국가공무원 중 그 소속 관서의 장의 추천에
의하여 그 근무지를 관할하는 지방검찰청검사장이 지명한 자
는 제1항의 범죄에 관하여 사법경찰리의 직무를 수행한다.
③ 선원법에 따른 선원근로감독관은 그의 관할 구역에서 발
생하는 선박소유자와 선원의 선원법 또는 근로기준법에서 규
정한 범죄에 관하여 사법경찰관의 직무를 수행한다.

147) 제196조(사법경찰관리) ① 수사관, 경무관, 총경, 경정,
경감, 경위는 사법경찰관으로서 모든 수사에 관하여 검사의
지휘를 받는다. ② 사법경찰관은 범죄의 혐의가 있다고 인식
하는 때에는 범인, 범죄사실과 증거에 관하여 수사를 개시·
진행하여야 한다. ③ 사법경찰관리는 검사의 지휘가 있는 때
에는 이에 따라야 한다. 검사의 지휘에 관한 구체적 사항은
대통령령으로 정한다. ④ 사법경찰관은 범죄를 수사한 때에
는 관계 서류와 증거물을 지체 없이 검사에게 송부하여야 한
다. ⑤ 경사, 경장, 순경은 사법경찰리로서 수사의 보조를 하
여야 한다. ⑥ 제1항 또는 제5항에 규정한 자 이외에 법률로
써 사법경찰관리를 정할 수 있다.

다. 행정지도

행정청의 행정은 법치행정의 원리에 의하여 법적으로 처리하는 것이 원칙이다. 그러나 모든 사안을 법적으로만 처리하게 되면 당사자는 물론 국가적으로도 낭비요인이 많다.

이러한 취지에서 행정청이 행정목적을 달성하기 위하여 당사자에게 합리적인 **조언, 지도, 권장, 장려**와 같은 비권력적인 수단을 통하여 당초 목적을 실현할 수도 있는데, 이를 일반적으로 '행정지도' 라 한다.

따라서 고용노동부나 지방고용노동관서도 사안에 따라 행정지도를 적절히 행함으로써 바람직한 해결방안을 모색할 수 있다.

라. 노동위원회에 구제신청

사용자가 근로자에게 부당해고등을 하면 근로자는 노동위원회에 구제를 신청할 수 있다(제28조 제1항).149) 이는 부

---

148) 제105조(사법경찰권 행사자의 제한) 이 법이나 그 밖의 노동 관계 법령에 따른 현장조사, 서류의 제출, 심문 등의 수사는 검사와 근로감독관이 전담하여 수행한다. 다만, 근로감독관의 직무에 관한 범죄의 수사는 그러하지 아니하다.

당해고등이 있었던 날부터 3개월 이내에 하여야 한다(제28조 제2항).

노동위원회는 심문을 끝내고 부당해고등이 성립한다고 판정하면 사용자에게 구제명령을 하여야 하며, 부당해고등이 성립하지 아니한다고 판정하면 구제신청을 기각하는 결정을 하여야 한다(제30조 제1항).

노동위원회는 구제명령(해고에 대한 구제명령만을 말한다)을 할 때에 근로자가 원직복직(原職復職)을 원하지 아니하면 원직복직을 명하는 대신 근로자가 해고기간 동안 근로를 제공하였더라면 받을 수 있었던 임금 상당액 이상의 금품을 근로자에게 지급하도록 명할 수 있다(제30조 제3항).

지방노동위원회의 구제명령이나 기각결정에 불복하는 자는 중앙노동위원회에 재심을 신청할 수 있고,150) 재심판정에 대하여 불복하는 자는 행정소송을 제기할 수 있다.151)

---

149) 뒤(171~175면)에서 보는 바와 같이, 부당노동행위가 발생한 경우에도 노동위원회에 구제신청을 할 수 있다.

150) 제31조(구제명령 등의 확정) ① 노동위원회법에 따른 지방노동위원회의 구제명령이나 기각결정에 불복하는 사용자나 근로자는 구제명령서나 기각결정서를 통지받은 날부터 10일 이내에 중앙노동위원회에 재심을 신청할 수 있다.

151) 제31조(구제명령 등의 확정) ② 제1항에 따른 중앙노동위원회의 재심판정에 대하여 사용자나 근로자는 재심판정서를 송달받은 날부터 15일 이내에 행정소송법의 규정에 따라 소(訴)를 제기할 수 있다. ③ 제1항과 제2항에 따른 기간 이내에 재심을 신청하지 아니하거나 행정소송을 제기하지 아니하

마. 과태료

다음의 어느 하나에 해당하는 자에게는 500만원 이하의 과태료를 부과한다(제116조 제1항). 과태료는 대통령령으로 정하는 바에 따라 고용노동부장관이 부과·징수한다(제116조 제2항).

① 제13조에 따른 고용노동부장관, 노동위원회 또는 근로감독관의 요구가 있는 경우에 보고 또는 출석을 하지 아니하거나 거짓된 보고를 한 자
② 제14조, 제39조, 제41조, 제42조, 제48조, 제66조, 제74조제7항, 제91조, 제93조, 제98조제2항 및 제99조를 위반한 자
③ 제102조에 따른 근로감독관 또는 그 위촉을 받은 의사의 현장조사나 검진을 거절, 방해 또는 기피하고 그 심문에 대하여 진술을 하지 아니하거나 거짓된 진술을 하며 장부·서류를 제출하지 아니하거나 거짓 장부·서류를 제출한 자.

3. 행정소송

앞에서 본 바와 같이, 중앙노동위원회의 재심판정에 대하여 불복하는 자는 행정소송을 제기할 수 있다. 중앙노동위원회의 처분에 대한 소송은 **중앙노동위원회 위원장**

면 그 구제명령, 기각결정 또는 재심판정은 확정된다.

을 피고(被告)로 한다.[152]

4. 민사소송

근기법이나 최임법 등에서 규정한 최저근로조건에 미달하는 근로계약은 무효이므로, 민사상 무효확인소송을 제기할 수 있으며, 적법한 이행을 청구할 수도 있고 발생한 손해에 대하여는 손해배상청구소송을 제기할 수 있다.

5. 민사집행

본안소송을 제기하기 이전에 민사집행법상 가압류,[153] 가처분[154] 등 **보전처분**을 할 수 있고, 판결이 확정된 후에

---

152) 제27조(중앙노동위원회의 처분에 대한 소송) ① 중앙노동위원회의 처분에 대한 소송은 중앙노동위원회 위원장을 피고(被告)로 하여 처분의 송달을 받은 날부터 15일 이내에 제기하여야 한다. ② 이 법에 따른 소송의 제기로 처분의 효력은 정지하지 아니한다. ③ 제1항의 기간은 불변기간으로 한다.

153) 제276조(가압류의 목적) ① 가압류는 금전채권이나 금전으로 환산할 수 있는 채권에 대하여 동산 또는 부동산에 대한 강제집행을 보전하기 위하여 할 수 있다. ② 제1항의 채권이 조건이 붙어 있는 것이거나 기한이 차지 아니한 것인 경우에도 가압류를 할 수 있다.

제277조(보전의 필요) 가압류는 이를 하지 아니하면 판결을 집행할 수 없거나 판결을 집행하는 것이 매우 곤란할 염려가 있을 경우에 할 수 있다.

는 **강제집행절차**를 진행할 수 있다.[155]

6. 형사소송

근기법 등에서 규정한 최저근로조건을 이행하지 아니하는 사용자의 행위는 범죄행위이므로, 이에 대하여는 형사처벌이 행해지며, 근기법에는 많은 **벌칙규정**을 두고 있다.

그리고 벌칙은 위법의 중요성에 따라 ① 5년 이하의 징역 또는 5천만원 이하의 벌금[156] ② 3년 이하의 징역 또는 5년 이하의 자격정지[157] ③ 3년 이하의 징역 또는 3천만원

---

154) 제300조(가처분의 목적) ① 다툼의 대상에 관한 가처분은 현상이 바뀌면 당사자가 권리를 실행하지 못하거나 이를 실행하는 것이 매우 곤란할 염려가 있을 경우에 한다. ② 가처분은 다툼이 있는 권리관계에 대하여 임시의 지위를 정하기 위하여도 할 수 있다. 이 경우 가처분은 특히 계속하는 권리관계에 끼칠 현저한 손해를 피하거나 급박한 위험을 막기 위하여, 또는 그 밖의 필요한 이유가 있을 경우에 하여야 한다.

155) 제24조(강제집행과 종국판결) 강제집행은 확정된 종국판결(終局判決)이나 가집행의 선고가 있는 종국판결에 기초하여 한다.

156) 제107조(벌칙) 제7조, 제8조, 제9조, 제23조 제2항 또는 제40조를 위반한 자는 5년 이하의 징역 또는 5천만원 이하의 벌금에 처한다.

157) 제108조(벌칙) 근로감독관이 이 법을 위반한 사실을 고의로 묵과하면 3년 이하의 징역 또는 5년 이하의 자격정지에 처한다.

이하의 벌금158) ④ 2년 이하의 징역 또는 2천만원 이하의 벌금159) ⑤ 1년 이하의 징역 또는 1천만원 이하의 벌금160) ⑥ 1천만원 이하의 벌금161) ⑦ 500만원 이하의 벌금162) 등이 부과된다. 그리고 이에 대하여는 **양벌주의**를

---

158) 제109조(벌칙) ① 제36조, 제43조, 제44조, 제44조의2, 제46조, 제56조, 제65조, 제72조 또는 제76조의3 제6항을 위반한 자는 3년 이하의 징역 또는 3천만원 이하의 벌금에 처한다. ② 제36조, 제43조, 제44조, 제44조의2, 제46조 또는 제56조를 위반한 자에 대하여는 피해자의 명시적인 의사와 다르게 공소를 제기할 수 없다.

159) 제110조(벌칙) 다음 각 호의 어느 하나에 해당하는 자는 2년 이하의 징역 또는 2천만원 이하의 벌금에 처한다. 1. 제10조, 제22조 제1항, 제26조, 제50조, 제53조 제1항·제2항, 같은 조 제4항 본문, 제54조, 제55조, 제59조 제2항, 제60조 제1항·제2항·제4항 및 제5항, 제64조 제1항, 제69조, 제70조 제1항·제2항, 제71조, 제74조 제1항부터 제5항까지, 제75조, 제78조부터 제80조까지, 제82조, 제83조 및 제104조 제2항을 위반한 자 2. 제53조 제5항에 따른 명령을 위반한 자.

160) 제111조(벌칙) 제31조 제3항에 따라 확정되거나 행정소송을 제기하여 확정된 구제명령 또는 구제명령을 내용으로 하는 재심판정을 이행하지 아니한 자는 1년 이하의 징역 또는 1천만원 이하의 벌금에 처한다.
제112조(고발) ① 제111조의 죄는 노동위원회의 고발이 있어야 공소를 제기할 수 있다. ② 검사는 제1항에 따른 죄에 해당하는 위반행위가 있음을 노동위원회에 통보하여 고발을 요청할 수 있다.

161) 제113조(벌칙) 제45조를 위반한 자는 1천만원 이하의 벌금에 처한다.

취하여 행위자 외에도 법인 등을 처벌한다(제115조).

---

162) 제114조(벌칙) 다음 각 호의 어느 하나에 해당하는 자는
500만원 이하의 벌금에 처한다. 1. 제6조, 제16조, 제17조,
제20조, 제21조, 제22조 제2항, 제47조, 제53조 제4항 단서,
제67조 제1항·제3항, 제70조 제3항, 제73조, 제74조 제6항,
제77조, 제94조, 제95조, 제100조 및 제103조를 위반한 자
2. 제96조제2항에 따른 명령을 위반한 자.

제3장 사용자와 협상하여 얻어내는 권리

제1절 협상의 방법과 주체는?
제2절 협상의 대상은?
제3절 서로 의견이 다를 때는
    어떻게?

제1절 협상의 방법과 주체는?

1. 협상의 방법은?

가. 단체교섭

노동자들이 자신의 권익향상을 위하여 사용자와 협상할 수 있는 최고의 권리는 단체교섭권이다. 민사상 계약 자유의 원칙에 의하면 사용자가 노동자들의 대표와 단체 교섭을 하느냐의 여부는 전적으로 자유이다. 그러나 노조 법은 사용자에게 노동자의 대표와의 **단체교섭에 의무적으로 응하여야 할 의무**를 부과하고 있다.

단체교섭권은 노동자가 단체, 즉 노동조합이라고 하는 조직력을 배경으로 하여 사용자와 근로조건 기타 노동자의 경제적·사회적인 지위의 향상에 관련되는 사항에 관하여 교섭하는 권리를 말한다.

단체교섭권은 대 사용자와의 관계에 있어서 전개되는 목적활동을 위하여 보장된 권리이며, 단결권은 단결강제

내지 조직강제의 방법으로(일반적 조직조항) 그 자체로서의 직접적인 작용을 노동자에 대하여 발휘하고 있는데 반하여, 단체교섭권은 사용자와의 관계에 있어서 직접적인 접촉, 즉 단체교섭이라고 하는 평화적인 방법을 통하여 그 작용을 발휘하게 된다.

자본주의사회에 있어서는 생산수단과 노동력의 결합은 사용자와 노동자간의 근로계약을 통하여 이루어진다. 그러므로 노동자가 유리한 근로조건을 확보하고자 한다면 오로지 근로계약을 통해서만 가능하다.

그러나 노동자와 사용자간에 체결되는 개별적인 근로계약은 결코 대등한 당사자간의 계약이 될 수 없으므로, 노동자에게 유리한 근로조건은 기대될 수 없다. 그러므로 노사간의 실질적인 평등을 보장하기 위하여는 노동자의 단결, 즉 노동조합의 조직을 보장하고 노동조합을 통하여 집단적으로 교섭하도록 하지 않으면 안된다.[163]

이렇게 볼 때, 단결권(노동조합의 설립)은 단체교섭을 위한 (목적) 모체로서의 단체를 조직하는 권리이며, 단체행동권은 단체교섭이 원만하게 이루어지지 않을 경우 이를 실현할 수 있도록(목적) 인정한 권리이다.

이 점에 있어서 단결권과 단체행동권은 단체교섭을 목적으로 보장된 수단으로서의 권리라고 할 수 있으며, 단체교섭권을 떠난 단결권과 단체행동권은 의미가 없다.

---

163) 박상필, 「한국노동법」 (1993), 90~105면.

헌법의 단체교섭권의 보장규정은 그 문장의 표현상으로는 개개의 노동자에 대한 단체교섭권의 보장이다. 그러나 단체교섭권은 구체적으로는 노동자의 단체를 통하여 실현되는 목적활동이므로 단체교섭권은 노동자의 단체, 즉 노동조합에 대한 보장규정이라고 할 수 있다.

그리고 단체교섭권의 주체는 노동자의 단결체로서의 형태를 갖추고 있으면 가능하고 반드시 노동조합처럼 계속적·항구적인 단결체이어야 하는 것은 아니다. 따라서 쟁의단과 같이 노동자의 일시적인 단체에 대하여도 교섭권을 인정하여야 한다.

이와 같은 단체교섭권에 의하여 단체교섭을 요구한 경우에 사용자는 이에 응하여야 하며 정당한 이유없이 이를 거부한 경우에는 단체교섭의 침해행위로서 부당노동행위가 성립한다. 그러나 사용자가 단체교섭을 거부한 경우에 노동위원회에 대하여 부당노동행위의 구제신청을 하고자 한다면 노동조합으로서의 자격요건을 갖추어야 하며, 자격요건을 갖추지 않는 노동조합(비적격조합)은 구제신청을 할 수 없다.164)

---

164) 제7조(노동조합의 보호요건) ① 이 법에 의하여 설립된 노동조합이 아니면 노동위원회에 노동쟁의의 조정 및 부당노동행위의 구제를 신청할 수 없다. ② 제1항의 규정은 제81조 제1호·제2호 및 제5호의 규정에 의한 근로자의 보호를 부인하는 취지로 해석되어서는 아니된다. ③ 이 법에 의하여 설립된 노동조합이 아니면 노동조합이라는 명칭을 사용할 수

나. 노사협의

노동자가 사용자와 협상할 수 있는 방법으로 근참법은 노사협의제도를 규정하고 있다. 이는 단체교섭이 대립적·투쟁적 노사관계를 형성해 온 데 대한 보완으로 **협조적·평화적 노사관계**를 지향한다.165)

그동안 노사협의제도는 노동조합법 내에 규정되어 있었으나, **1980년의 노사협의회법**이 제정(1980.12.31. 제정 및 동일자 시행)됨에 따라 독립하였다. 그리고 **1996년** 개정시(1996.12.31. 개정, 1997.3.1. 시행) 현행과 같이 **근참법으로** 법률 명칭이 변경되었다.

우리나라의 노사협의제의 도입은 노동조합활동 특히 단체교섭권 행사를 제약하고 노동조합의 설립을 억제하고자 하는 목적도 있었던 것으로 생각한다.166)

그러나 노사협의제도가 단체교섭에 부정적인 영향을 미쳐서는 아니되며,167) 단체교섭의 기능을 강화해 나감과

없다.

165) 제1조(목적) 이 법은 근로자와 사용자 쌍방이 참여와 협력을 통하여 노사 공동의 이익을 증진함으로써 산업 평화를 도모하고 국민경제 발전에 이바지함을 목적으로 한다.

166) 박승두, 「노동법개론」(1995), 350~351면.

167) 제5조(노동조합과의 관계) 노동조합의 단체교섭이나 그 밖의 모든 활동은 이 법에 의하여 영향을 받지 아니한다.

함께 노사협의제는 경영참가의 확대 등 이에 대한 보완적인 관계로 발전시켜나가야 한다.[168]

2. 협상의 주체는?

가. 단체교섭의 주체

노조법은 노동조합의 대표자는 단체교섭권과 단체협약 체결권을 가진다고 규정하고 있다.[169]

그런데 여기서 노조대표자의 단체교섭권과 단체협약체결권은 전권으로 조합원이 이를 제한할 수 없느냐 아니면

---

168) 박승두, 「노동법개론」 (1995), 354~356면.

169) 제29조(교섭 및 체결권한) ① 노동조합의 대표자는 그 노동조합 또는 조합원을 위하여 사용자나 사용자단체와 교섭하고 단체협약을 체결할 권한을 가진다. ② 제29조의2에 따라 결정된 교섭대표노동조합의 대표자는 교섭을 요구한 모든 노동조합 또는 조합원을 위하여 사용자와 교섭하고 단체협약을 체결할 권한을 가진다. ③ 노동조합과 사용자 또는 사용자단체로부터 교섭 또는 단체협약의 체결에 관한 권한을 위임받은 자는 그 노동조합과 사용자 또는 사용자단체를 위하여 위임받은 범위안에서 그 권한을 행사할 수 있다. ④ 노동조합과 사용자 또는 사용자단체는 제3항에 따라 교섭 또는 단체협약의 체결에 관한 권한을 위임한 때에는 그 사실을 상대방에게 통보하여야 한다.

주권자인 조합원이 제한할 수 있느냐에 관하여 학설의 대립이 있다.

이 문제는 구노조법에서부터 논쟁이 있어 왔다. 구노조법에서는 노동조합의 대표자가 사용자와 교섭할 권한이 있다고 하면서도 단체협약을 체결할 권한에 관하여는 언급하지 아니하였다.[170]

구노조법의 해석에서 노동조합의 대표자가 단체협약체결의 전권을 가지느냐 여부에 관하여 긍정설과 부정설이 대립되어 왔다. 이에 관하여 판례는 긍정설을 취하여 왔다.[171]

그 후 1996년 12월 31일 제정된 날치기 노조법에서는

---

170) 구노조법 제33조 (교섭권한) ① 노동조합의 대표자는 그 노동조합 또는 조합원을 위하여 사용자나 사용자단체와 단체협약의 체결 기타의 사항에 관하여 교섭할 권한이 있다. 다만, 사용자단체와의 교섭에 있어서는 단위노동조합의 대표자 중에서 그 대표자를 선정하거나 연명으로 교섭할 수 있다.

171) 노동조합법 제33조 제1항의 "교섭할 권한"이라 함은 사실 행위로서의 단체교섭의 권한 외에 교섭한 결과에 따라 단체협약을 체결할 권한을 포함한다. 노동조합의 대표자 또는 수임자가 단체교섭의 결과에 따라 사용자와 단체협약의 내용을 합의한 후 다시 협약안의 가부에 관하여 조합원총회의 의결을 거쳐야만 한다는 것은 대표자 또는 수임자의 단체협약체결권한을 전면적, 포괄적으로 제한함으로써 사실상 단체협약체결권한을 형해화하여 명목에 불과한 것으로 만드는 것이어서 위 법 제33조 제1항의 취지에 위반된다; 대법원 1993. 4. 27. 선고 91누12257 전원합의체 판결.

교섭하고 단체협약을 체결할 권한을 가진다고 하였고,[172]
1997년 3월 13일 구노조법을 폐지하면서 새로 제정된 노
조법도 동일하게 규정하였다.[173]

현재와 같이 노동조합 대표자가 단체협약체결권을 가
진다고 규정한 이후에도 구노조법에서와 마찬가지로 노동
조합 대표자가 단체협약체결의 전권을 가지느냐 여부에
관하여 긍정설과 부정설이 대립하고 있다.

① **긍정설**은 구노조법의 해석에서 긍정설을 취하였거
나, 구노조법에서는 부정설을 취하였더라도 노조법에서는
명확하게 노동조합의 대표자가 단체협약의 체결권을 가진
다고 규정하였기 때문에, 노동조합의 대표자가 당연히 단
체협약의 체결권을 가지며 구노조법상의 문제는 해소되었
다고 본다.[174]

② **부정설**은 노조법에서 노동조합의 대표자가 단체협
약의 체결권을 가진다고 규정하였지만 문제가 해결된 것

---

172) 날치기 노조법 제29조 (교섭 및 체결권한) ① 노동조합의
대표자는 그 노동조합 또는 조합원을 위하여 사용자나 사용
자단체와 <u>교섭하고 단체협약을 체결할 권한을 가진다</u>.

173) 노조법 제29조 (교섭 및 체결권한) ① 노동조합의 대표자
는 그 노동조합 또는 조합원을 위하여 사용자나 사용자단체
와 <u>교섭하고 단체협약을 체결할 권한을 가진다</u>.

174) 김형배·박지순, 「노동법강의」 (2020), 521면; 임종률, 「노
동법」 (2020), 133면; 이상윤, 「노동법」 (2019), 693면; 하갑래,
「노동법」 (2020), 520면; 김현수, 「노동조합 및 노동관계조
정법」 (2013), 540~541면.

은 아니며, 헌법상 보장된 단결권의 관점에서 해석하여야
하며 단체협약의 체결권은 노동조합 대표자의 전권이 아
니라고 해석한다.[175)

이 문제는 다시 노동조합의 규약이나 단체협약으로 총
회의 인준투표제 등 노동조합의 대표자의 단체협약체결권
을 제한할 수 있느냐 하는 문제로 이어진다.

이 문제에 관하여는 앞에서 **긍정설**을 취한 견해는 ①
당연히 노동조합의 대표자의 단체협약체결권을 제한할 수
없다는 견해[176)와 ② 노동조합의 대표자의 단체협약체결
권을 전면적·포괄적 제한이 아닌 한 제한할 수 있다는
견해[177)로 구분된다.

그리고 인준투표제를 두고 있더라도 노동조합의 대표
자가 이를 무시하고 체결한 단체협약은 유효하다는 데는
견해가 일치한다.[178) 판례도 이 견해에 따르고 있다.[179)

---

175) 김유성, 「노동법Ⅱ」(2020), 134면; 이광택, "바람직한 노
　　 동법 개정의 방향"(1997), 307~308면; 박홍규, 「노동단체법」
　　 (2000), 237면; 이병태, 「최신노동법」(2008), 216면; 이 정,
　　 「노동법강의」(2004), 196~197면.

176) 김형배·박지순, 「노동법강의」(2020), 522면; 하갑래, 「노
　　 동법」(2020), 520면; 김현수, 「노동조합 및 노동관계조정
　　 법」(2013), 540~541면.

177) 임종률, 「노동법」(2020), 133면; 이상윤, 「노동법」(2020),
　　 607~608면; 이 정, 「노동법강의」(2004), 197면; 노동법실무
　　 연구회, 「노동조합 및 노동관계조정법 주해 Ⅰ」(2015),
　　 584~585면.

그리고 앞에서 **부정설**을 취한 견해는 당연히 노동조합의 대표자의 단체협약체결권을 제한할 수 있다고 한다.180)

그리고 이 견해에서도 노동조합의 대표자가 인준투표제를 무시하고 체결한 단체협약이 유효하냐의 여부에 관하여는 부정설과 절충설로 나누어 진다.

① 부정설은 노동조합의 대표자의 단체협약체결권은 당연히 제한할 수 있고 이를 위반한 단체협약은 무효라고 하고,181) ② 절충설은 노동조합의 대표자의 단체협약체결권은 제한할 수 있지만 전면적·포괄적 제한은 위법이므로 이를 위반하여 단체협약을 체결하더라도 유효하다고

---

178) 이상윤, 「노동법」 (2020), 695~696면; 이 정, 「노동법강의」 (2004), 196~197면; 김현수, 「노동조합 및 노동관계조정법」 (2013), 540~541면.

179) 노동조합의 대표자가 단체교섭의 결과에 따라 사용자와 단체협약의 내용을 합의한 후 다시 협약안의 가부에 관하여 조합원총회의 의결을 거쳐야만 한다는 것은 대표자의 단체협약체결권한을 전면적·포괄적으로 제한함으로써 사실상 단체협약체결권한을 형해화하여 명목에 불과한 것으로 만드는 것이어서 노동조합및노동관계조정법 제29조 제1항에 반한다; 대법원 2005. 3. 11. 선고 2003다27429 판결.

180) 이광택, "바람직한 노동법 개정의 방향"(1997), 307~308면; 박홍규, 「노동법론」 (1998), 723면; 이병태, 「최신노동법」 (2008), 206면.

181) 이광택, "바람직한 노동법 개정의 방향"(1997), 307~308면; 박승두, "노동조합 대표자의 단체협약체결권에 관한 연구"(2008), 167~169면.

해석한다.[182]

이 문제에 관하여 검토해 보면, 근본적으로 단체교섭권은 일반 노동자의 권리이지 노동조합의 권리가 아니다. 따라서 노동조합 대표자의 권리는 더욱 아니다. 그런데 문제는 단결권과 단체교섭권과의 관계를 어떻게 설명할 것인가 하는 것이다.

단결권에 의하여 노동조합이 결성되고 단체교섭권의 행사는 대표자를 통하여 행사하게 된다. 그리고 개개 노동자들이 단체교섭권을 가진다 하더라도 단체교섭을 할 수 없다. 단체교섭을 하기 위해서는 교섭의 대표자를 선출해야 한다. 우리나라와 같이 노동조합 대표자가 교섭의 대표자가 되는 수도 있지만 미국과 같이 노동조합의 대표자와 별개로 단체교섭위원을 선출할 수도 있다.

따라서 어느 경우에나 단체교섭의 대표자는 개개 노동자들이 가지고 있는 단체교섭권을 행사하는 자에 불과하고 그 행사 방법은 전적으로 개개 노동자들이 전체의 총의를 모아서 결정할 문제이다. 따라서 이러한 관점에서 본다면 이상의 문제들이 보다 명확해 질 것이다.

첫째, 노조법의 해석상 노동조합의 대표자는 단체교섭의 권한뿐만 아니라 단체협약의 체결권도 가지며 이러한 권리는 노동조합의 규약이나 단체협약으로 제한할 수 없

---

182) 김유성, 「노동법Ⅱ」 (2020), 136~138면; 이병태, 「최신노동법」 (2008), 206면; 박홍규, 「노동단체법」 (2000), 237면.

는 노동조합 대표자의 배타적 권리라는 주장은 어불성설이다. 이러한 주장은 위에서 설명한 단체교섭권에 대한 기본적인 인식의 결여에서 비롯된 것이다.

이러한 주장이 근거로 내세우는 법이론 즉 민법상 법인의 대표성 이론을 원용하고 있으나, 이는 중대한 착오에 불과하다. 기본적으로 시민법과 구별되는 **사회법 원리에 대한 인식이 부족**할 뿐만 아니라 **노동조합의 법리, 단체교섭의 법리, 단체협약의 법리를 모두 무시한 견해라** 아니할 수 없다.

먼저 노동조합을 민법상의 법인과 혼동하고 있다. 노동조합은 헌법에서 보장된 노동자들의 단결권의 행사에 의해 설립되기 때문에 민법상 법인처럼 엄격한 요건과 절차를 요구하지 않고 자유설립주의가 원칙이다. 그리고 민법상 법인의 활동은 계약자유의 원칙에 따라 운용되고 그 효과도 법인자체에만 영향을 미치지만 노동조합은 조합원 권익향상을 위한 목적, 사용자 혹은 경영자 단체에 대한 대항세력으로서의 본질에 따라 운용되고, 단체협약에 의한 노사의 집단적인 구속성에 의해 그 효과는 노동조합과 사용자뿐만 아니라 조합원 모두에게 미친다.

따라서 ① 단체협약의 체결권은 대표자에게만 있고 노동조합의 규약이나 단체협약으로 제한할 수 없다거나 ② 제한할 수 있더라도 이를 위반하여 노동조합의 대표자가 체결한 단체협약은 유효하다는 주장은 타당하지 않다.

왜냐하면, 노조법은 노동조합의 대표자가 단체교섭권 및 협약체결권을 가진다고 규정하고 있지만, 이것이 헌법이 노동자에게 부여한 노동3권을 넘어설 수 없기 때문이다. 만약 그렇게 해석하게 되면 노조법은 헌법에 위반하여 위헌·무효가 된다.

또 실무적으로도 노동조합의 대표자만 회유, 협박하여 단체협약을 체결하면 된다는 사용자의 불건전한 노동조합 관을 형성하게 된다. 그러므로 이를 지원하고 관행화하는 노동정책, 시민법원리에서 벗어나지 못하거나 정부정책에 따르는 법원과 일부학자의 견해는 헌법의 이념과 단결권 보장법리를 오해한 결과라 생각한다.

둘째, 단체협약의 체결은 노동조합 규약이나 단체협약의 내용과 상관없이 반드시 조합원 총회나 이에 갈음하는 대의원대회의 의결을 거쳐야 한다는 주장도 납득할 수 없다.

왜냐하면 단체교섭권과 단체협약의 체결권은 엄격히 구분하고 있으나, 헌법에서 보장한 단체교섭권은 단체교섭을 통한 단체협약의 체결을 의미하는 것이지 단체교섭 자체만을 의미하지 않는다고 본다. 따라서 앞에서 설명한 바와 같이 개개 노동자들의 단체교섭권은 노동조합의 규약이나 단체협약상 그 절차와 방법을 명시할 수 있으나, 이러한 구체적인 규정이 없는 경우에는 단체교섭의 대표인 노동조합 대표자에게 단체협약의 체결권도 가진다고 보아야 할 것이다.

따라서 단체협약의 체결권은 반드시 조합대표자가 가진다는 주장이나 반드시 조합원 총회의 수권절차나 의결을 거쳐야 한다는 주장에는 찬성할 수 없다.

노동조합의 규약이나 단체협약상 단체협약체결에 관한 구체적인 절차와 방법을 명시한 경우에는 이에 따라야 하고 명시적 규정이 없는 경우에는 교섭의 대표자인 조합의 대표자가 행사할 수 있다고 해석하여야 할 것이다. 그리고 조합의 대표자가 이러한 제한 규정을 무시하고 체결한 단체협약은 무효라고 해석하여야 한다.183)

나. 노사협의의 주체

근참법상 노사협의의 주체 중 **근로자위원**은 근로자가 선출하되, 근로자의 과반수로 조직된 노동조합이 있는 경우에는 노동조합의 대표자와 그 노동조합이 위촉하는 자로 한다.

협의회는 근로자와 사용자를 대표하는 같은 수의 위원으로 **구성**하며,184) 위원의 **임기**는 3년으로 하되, 연임할

---

183) 박승두, "노동조합 대표자의 단체협약체결권에 관한 연구"(2008), 167~169면.

184) 제6조(협의회의 구성) ① 협의회는 근로자와 사용자를 대표하는 같은 수의 위원으로 구성하되, 각 3명 이상 10명 이하로 한다. ② 근로자를 대표하는 위원(다음부터 '근로자위원'이라 한다)은 근로자가 선출하되, 근로자의 과반수로 조직된 노동조

수 있다.185)

협의회는 3개월마다 정기회의를 개최하고 필요에 따라 임시회의를 개최한다.186) 협의회의 의장은 위원 중에서 호선(互選)하며,187) 협의회는 의장이 소집한다.188)

합이 있는 경우에는 노동조합의 대표자와 그 노동조합이 위촉하는 자로 한다. ③ 사용자를 대표하는 위원(다음부터 '사용자위원'이라 한다)은 해당 사업이나 사업장의 대표자와 그 대표자가 위촉하는 자로 한다. ④ 근로자위원이나 사용자위원의 선출과 위촉에 필요한 사항은 대통령령으로 정한다.

185) 제8조(위원의 임기) ① 위원의 임기는 3년으로 하되, 연임할 수 있다. ② 보궐위원의 임기는 전임자 임기의 남은 기간으로 한다. ③ 위원은 임기가 끝난 경우라도 후임자가 선출될 때까지 계속 그 직무를 담당한다.

186) 제12조(회의) ① 협의회는 3개월마다 정기적으로 회의를 개최하여야 한다. ② 협의회는 필요에 따라 임시회의를 개최할 수 있다.

187) 제7조(의장과 간사) ① 협의회에 의장을 두며, 의장은 위원 중에서 호선(互選)한다. 이 경우 근로자위원과 사용자위원 중 각 1명을 공동의장으로 할 수 있다. ② 의장은 협의회를 대표하며 회의 업무를 총괄한다. ③ 노사 쌍방은 회의 결과의 기록 등 사무를 담당하는 간사 1명을 각각 둔다.

188) 제13조(회의 소집) ① 의장은 협의회의 회의를 소집하며 그 의장이 된다. ② 의장은 노사 일방의 대표자가 회의의 목적을 문서로 밝혀 회의의 소집을 요구하면 그 요구에 따라야 한다. ③ 의장은 회의 개최 7일 전에 회의 일시, 장소, 의제 등을 각 위원에게 통보하여야 한다.

제2절 협상의 대상은?

1. 단체교섭의 대상

가. 근로조건

노동자에게 노동3권이 부여되어 있고 노동자는 그들의 대표를 통하여 단체교섭을 전개함으로써 그들의 경제적·사회적 지위를 향상시킨다. 그런데 이러한 단체교섭권의 행사로서 교섭할 수 있는 내용, 즉 단체교섭의 대상은 어디까지 인정되느냐 하는 것이 문제된다.

노조법은 "노동조합대표자 또는 노동조합으로부터 위임을 받은 자는 그 노동조합 또는 조합원을 위하여 사용자나 사용자단체와 <u>단체협약의 체결 기타의 사항</u>에 관하여 교섭할 권리가 있다"라고 규정하고 있고, "단체교섭의 체결 기타의 단체교섭"을 정당한 이유없이 거부 또는 해태하는 행위를 부당노동행위라고 규정하고 있을 뿐이고, 단체협약의 내용이 되는 교섭대상사항에 관하여는 아무런 규정이 없다.

원래 단체협약은 단체교섭의 결과로서 체결되는 협약, 즉 단체교섭의 목적이라고 볼 수 있으나 어떠한 사항에 대하여 사용자의 단체교섭 의무가 인정되며, 또한 어떠한 사항이 임의사항으로서 그 승낙여부가 사용자의 자유에 속하느냐에 관한 명확한 규정이 없다.

이 점에 관하여 강제적 교섭사항을 명문으로 규정하고 있는 미국의 제도에 비하여 융통성이 있으며 또한 교섭당사자의 재량에 위임되어 있다고도 볼 수 있다.

그러나 노사간의 노동관행이 아직 확립이 되어 있지 않을 뿐만 아니라, 사용자의 경제적·사회적인 지위가 노동자 내지 노동조합에 비하여 강대한 우리나라에 있어서 강제적 교섭사항을 명문화하지 않았다는 것은 원만한 단체교섭이 이루어지지 못하고 오히려 노동쟁의의 원인이 되고 있다는 점에서 입법론적으로 재고되어야 한다.[189]

이와 같이 교섭사항에 관한 명문의 규정이 없기 때문에 광의에 있어서의 근로조건이 모두 교섭사항이 될 수 있다고 생각한다.

그러므로, ① 임금·수당·퇴직금 ② 근로시간·휴게시간·휴일·휴가 ③ 해고·휴직·전근배치전환·승진·강등·정년제·징계 ④ 안전·보건 ⑤ 재해보상 ⑥ 후생·복리제도 ⑦ 조합비공제·시설사용 등 조합활동 관련사항 ⑧ Shop 협정[190] ⑨

---

189) 박상필, 「한국노동법」 (1993), 430면.

인사·경영에 관한 사항이 될 수 있다.

나. 인사·경영에 관한 사항

인사 및 경영에 관한 사항이 단체교섭의 대상이 되느냐와 관련하여 논란이 있다. 우리나라에서는 인사·경영에 관한 사항이 단체교섭의 대상이 되느냐의 여부에 관하여 일반적으로 부정설과 긍정설로 나누어져 있다.

(1) 부정설

이 설은 인사·경영에 관한 사항은 사용자의 인사·경영권에 속하는 것으로 단체교섭의 대상은 될 수 없다[191]고 한다.

(2) 긍정설

이 설은 법리상은 사용자측에 경영권이라는 단체교섭

---

190) 미국의 Taft-Hartley법과 같이 closed shop제를 입법에 의하여 금지하고 있는 경우에는 그것이 단체교섭의 대상에서 제외되는 것은 당연하지만, 우리나라는 단체교섭의 대상사항을 제한 내지 금지하고 있는 직접적인 규정은 없다.

191) 박상필, 「한국노동법」(1993), 432면; 정기남, "단체교섭의 주체와 대상"(1991), 41면; 배병우, "단체교섭권의 법적구조와 교섭사항"(1993), 72면; 이호준, "노동조합의 경영참가의 한계"(1993), 69면.

을 정하기 위한 특별한 권리가 인정되어 있는 것은 아니며, 인사·경영에 관한 사항도 단체교섭의 대상이 된다[192]고 한다.

(3) 제한적 긍정설

이 설은 ① 경영에 관한 사항도 근로조건과 관계가 있으면 단체교섭의 대상이 되며,[193] 인사제도나 인사기준뿐만 아니라 개별적 인사사항도 단체교섭의 대상이 된다는 견해[194]와 ② 경영권의 본질적 내용을 침해하지 않는 사항과 개별 인사사항이 아닌 인사제도나 인사기준은 단체교섭의 대상이 된다는 견해[195]가 있다.

---

192) 이을형, 「노동법」 (1993), 169면; 김형배, 「노동법」 (1993), 479~480면; 심태식, 「노동법개론」 (1989), 218면; 김 영, "근로자의 경영참가제도: 비교법적 고찰"(1985), 23~24면; 김여수, 「한국노동법」 (1975), 175면.

193) 김유성, 「노동법Ⅱ」 (2020), 145면; 임종률, 「노동법」 (2020), 144~17면; 하갑래, 「노동법」 (2020), 525면; 유각근, 「노동법」 (2016), 296~297면; 노동법실무연구회, 「노동조합 및 노동관계조정법 주해 Ⅰ」 (2015), 611면; 김현수, 「노동조합 및 노동관계조정법」 (2013), 559~560면.

194) 김유성, 「노동법Ⅱ」 (2020), 144면; 박홍규, 「노동단체법」 (2000), 246면; 菅野和夫, 「勞働法」 (2019), 903~904면; 西谷敏, 「勞働法」 (2020), 681~682면.

195) 김형배·박지순, 「노동법강의」 (2020), 529~531면; 김현수, 「노동조합 및 노동관계조정법」 (2013), 559면.

(3) 사견

우리나라와 같이 헌법에서 노동3권과 재산권을 동시에 규정하고 있는 경우에는 어떠한 권리가 우월적 지위에 있느냐가 문제인 바, 이에 대하여 노동3권이 재산권보다 우월적 지위에 있다고 보아야 한다. 따라서 재산권을 이유로 인사경영권에 관한 사항이 단체교섭의 대상이 될 수 없다는 주장은 타당성을 가질 수 없다.

그러므로 단체협약의 내용은 ① 공장이전 등 근로조건과 관련이 있는 경영에 관한 사항 ② 채용 등 인사기준에 관한 사항 ③ 해고 등 개별 인사에 관한 사한도 모두 단체교섭의 대상이 된다.

그런데 단체교섭의 대상이 된다고 하여 사용자가 노동조합의 주장을 반드시 수용하여야 한다는 의미는 아니다. 사용자가 교섭에 응할 의무는 있지만, 수용 여부를 강제할 수는 없다.

2. 노사협의의 대상

근참법은 노사협의의 사항을 아래와 같이 매우 넓게 규정하고 있다(제20조 제1항).

① 생산성 향상과 성과 배분 ② 근로자의 채용·배치 및 교육훈련 ③ 근로자의 고충처리 ④ 안전, 보건, 그 밖의 작업환경 개선

과 근로자의 건강증진 ⑤ 인사·노무관리의 제도 개선 ⑥ 경영상 또는 기술상의 사정으로 인한 인력의 배치전환·재훈련·해고 등 고용조정의 일반원칙 ⑦ 작업과 휴게 시간의 운용 ⑧ 임금의 지불방법·체계·구조 등의 제도 개선 ⑨ 신기계·기술의 도입 또는 작업 공정의 개선 ⑩ 작업 수칙의 제정 또는 개정 ⑪ 종업원지주제(從業員持株制)와 그 밖에 근로자의 재산형성에 관한 지원 ⑫ 직무 발명 등과 관련하여 해당 근로자에 대한 보상에 관한 사항 ⑬ 근로자의 복지증진 ⑭ 사업장 내 근로자 감시 설비의 설치 ⑮ 여성근로자의 모성보호 및 일과 가정생활의 양립을 지원하기 위한 사항 ⑯ 「남녀고용평등과 일·가정 양립 지원에 관한 법률」 제2조 제2호에 따른 직장 내 성희롱 및 고객 등에 의한 성희롱 예방에 관한 사항 ⑰ 그 밖의 노사협조에 관한 사항.

그리고 협의 사항 외에도 의결 사항과196) 보고 사항을197) 규정하고 있다.

---

196) 제21조(의결 사항) 사용자는 다음 각 호의 어느 하나에 해당하는 사항에 대하여는 협의회의 의결을 거쳐야 한다. 1. 근로자의 교육훈련 및 능력개발 기본계획의 수립 2. 복지시설의 설치와 관리 3. 사내근로복지기금의 설치 4. 고충처리위원회에서 의결되지 아니한 사항 5. 각종 노사공동위원회의 설치.

197) 제22조(보고 사항 등) ① 사용자는 정기회의에 다음 각 호의 어느 하나에 해당하는 사항에 관하여 성실하게 보고하거나 설명하여야 한다. 1. 경영계획 전반 및 실적에 관한 사항 2. 분기별 생산계획과 실적에 관한 사항 3. 인력계획에 관한 사항 4. 기업의 경제적·재정적 상황 ② 근로자위원은 근로자의 요구사항을 보고하거나 설명할 수 있다. ③ 근로자위원은 사용자가 제1항에 따른 보고와 설명을 이행하지 아니

제3절 서로 의견이 다를 때는 어떻게?

1. 노동조합의 노동쟁의

가. 노동쟁의의 의의

노동쟁의라 함은 노동조합과 사용자 또는 사용자단체 (다음부터 '노동관계 당사자'라 한다)간에 임금·근로시간·복지·해고 기타 대우 등 근로조건의 결정에 관한 주장의 불일치[198)]로 인하여 발생한 **분쟁상태**를 말한다(제2조 제5호).

나. 노동쟁의의 요건

노동쟁의는 ① 실체적 ② 절차적 ③ 방법상 요건을 갖

하는 경우에는 제1항 각 호에 관한 자료를 제출하도록 요구
할 수 있으며 사용자는 그 요구에 성실히 따라야 한다.

198) 주장의 불일치라 함은 당사자간에 합의를 위한 노력을 계
속하여도 더이상 자주적 교섭에 의한 **합의의 여지가 없는 경**
우를 말한다.

추어야 한다.

(1) 실체적 요건

(가) 쟁의행위가 금지된 자

헌법상 공무원인 근로자는 법률이 정하는 자에 한하여 단결권·단체교섭권 및 단체행동권을 가진다(제33조 제2항).

이에 관하여 공무원노조법은 파업, 태업 또는 그 밖에 업무의 정상적인 운영을 방해하는 어떠한 행위도 하여서는 아니 된다(제11조)고 하여 금지하고 있다.

그리고 헌법상 법률이 정하는 주요방위산업체에 종사하는 근로자의 단체행동권은 법률이 정하는 바에 의하여 이를 제한하거나 인정하지 아니할 수 있다(제33조 제3항).

이에 관하여 노조법은, 방위사업법에 의하여 지정된 주요방위산업체에 종사하는 근로자 중 **전력, 용수 및 주로 방산물자를 생산하는 업무에 종사하는 자**는 쟁의행위를 할 수 없다(제41조 제2항)고 규정하고 있다.

(나) 정당성 요건

일반적으로 노동쟁의를 할 수 있는 실체적 요건으로 '정당성' 요건을 든다. 구체적 학설을 보면, 다음과 같다.

① 박상필 교수는 "쟁의행위에 대하여 민사·형사상

의 면책을 인정하고 있는 것은 헌법상의 단체행동권의 보장의 당연한 귀결이라고 할 수 있다. 그러나 헌법상의 단체행동권의 보장이 무제한으로 인정될 수 없는 것과 마찬가지로 쟁의행위에 대한 민사·형사상의 책임의 면제도 그것이 '정당성'이 인정되는 한계내에서만 보장되는 권리임을 명심하지 않으면 안된다"199)고 한다.

② 김형배 교수는 "쟁의행위는 그것이 정당하게 수행되는 한 형사상의 구성요건해당성이 조각되고 민사상의 손해배상책임이 발생되지 않으므로 그 정당성의 한계는 매우 중요한 문제이다"200)고 한다.

③ 심태식 교수는 "쟁의행위의 자유를 보장한다고 하여서 이를 무제한하게 인정하는 것은 아니다. · · ·일정한 한계가 있어야 한다. · · ·이에 대한 판단기준은 헌법정신을 기본으로 실정법질서 전반의 입장에서 해석론적으로 확립되어야 한다."201)고 한다.

④ 이을형 교수는 "법에 의한 보호가 인정되는 것은 그 어느 것이나 쟁의행위가 '정당'한 것을 요건으로 하고 있기 때문에, 정당성 판단은 실무상·이론상에도 쟁의행위법의 중심과제가 된다"202)고 한다.

---

199) 박상필, 「한국노동법」(1993), 531면.
200) 김형배, 「노동법」(1993), 539면.
201) 심태식, 「노동법개론」(1989), 273면.
202) 이을형, 「노동법」(1993), 357면.

⑤ 임종률 교수는 "쟁의행위가 정당한 경우에는 형사면책, 민사면책, 불이익취급 금지의 보호를 받는다. 즉 쟁의행위에 대하여 형사면책, 민사면책, 불이익취급 금지의 효과가 발생하려면 그것이 정당성을 가져야 한다" [203]고 한다.

⑥ 하갑래 교수는 "쟁의행위의 정당성이라 함은 민·형사면책과 관련법의 보호를 받을 수 있는 한계를 말한다" [204]고 한다.

그러나 이러한 이론은 아래의 여러 가지 관점에서 볼 때 문제가 있다고 생각한다.

① 정당성 요건을 엄격히 요구함으로 인하여 헌법상 보장된 단체행동권에 대한 정당한 평가를 불가능하게 한다. 헌법에서는 단체행동권을 보장한 것이지 '정당한' 단체행동권을 보장한 것은 아니기 때문에, 무엇이 단체행동권의 행사에 해당하느냐 하는 문제에서 그 해결책을 찾아야 할 것이다.

② 정당성 요건이 노동조합 활동에 대한 탄압으로 악용되고 있으며, 노동관계의 형평성을 저해한다.

③ 정당성 요건은 미국의 판례에서 성립된 이론이지만 미국에서는 이미 사용자를 일방적으로 보호한다는 이유로 폐기되었다.

---

203) 임종률, 「노동법」 (2020), 240면.
204) 하갑래, 「노동법」 (2020), 605면.

④ 일본의 잘못된 노동법을 모방·계수한 결과이다.

⑤ 근기법상의 부당해고, 부당노동행위로서의 해고, 정당성을 잃은 쟁의행위에 대한 해고가 판례상 혼동되고 있다.[205]

이상과 같이, 쟁의행위의 정당성 요건은 많은 문제점을 내포하고 있다. 단체행동권의 행사에 제한이 있어야 한다는 점에 있어서는 동의한다. 왜냐하면 헌법에서 보장된 모든 기본권은 무제한적인 것이 아니고 그 권리의 상대방이 가진 권리와 권리 상호간의 충돌 현상이 나타난다. 이에 대하여는 합리적인 조화를 찾아야 한다.

그리고 상대방 권리와의 충돌 및 조화의 문제가 없더라도 그 권리에 내재된 한계를 가진다. 이 한계를 벗어나면 권리남용의 문제가 발생한다. 그러나 단체행동권의 행사에 한계가 있어야 한다고 해서 반드시 그 '정당성'을 요건으로 해야 한다는 것은 아니다. 따라서 노동쟁의가 적법한 것으로 허용되느냐의 문제는 '정당성' 요건 여부로 판단할 것이 아니라, 노동쟁의로 인정되느냐 여부로 판단하여야 한다.

(2) 절차적 요건

(가) 쟁의행위 찬반투표의 실시

노동조합의 쟁의행위는 그 **조합원**의 직접·비밀·무기

---

205) 박승두, 「노동법의 재조명」 (1994), 363~365면.

명투표에 의한 조합원 과반수의 찬성으로 결정하지 아니
하면 이를 행할 수 없다.

그리고 교섭대표노동조합이 결정된 경우에는 그 **절차에
참여한 노동조합의 전체 조합원**(해당 사업 또는 사업장 소속 조합원
으로 한정한다)의 직접·비밀·무기명투표에 의한 과반수의 찬성
으로 결정하지 아니하면 쟁의행위를 할 수 없다(제41조 제1항).

(나) 상대방에 대한 통지

노동관계 당사자는 노동쟁의가 발생한 때에는 어느 일방
이 이를 상대방에게 서면으로 통보하여야 한다(제45조 제1항).

(다) 조정의 전치

쟁의행위는 조정(調整)절차206)를 거치지 아니하면 이를
행할 수 없다(제45조 제2항 본문). 그러나 소정기간내에 조정이
종료되지 아니하거나 소정기간내에 중재재정이 이루어지
지 아니한 경우에는 그러하지 아니하다(제45조 제2항 단서).

(3) 방법상 요건

(가) 폭력행위등의 금지

쟁의행위는 폭력이나 파괴행위 또는 생산 기타 주요업무

---

206) 여기에는 조정(調停)과 중재(仲裁)가 포함된다.

에 관련되는 시설과 이에 준하는 시설로서 대통령령이 정하는 시설을 점거하는 형태로 이를 행할 수 없다(제42조 제1항).

사업장의 안전보호시설에 대하여 정상적인 유지·운영을 정지·폐지 또는 방해하는 행위는 쟁의행위로서 이를 행할 수 없다(제42조 제2항).207)

(나) 필수유지업무에 대한 쟁의행위의 제한

필수유지업무208)의 정당한 유지·운영을 정지·폐지 또는 방해하는 행위는 쟁의행위로서 이를 행할 수 없다(제42조의2 제2항).

다. 쟁의행위의 종류

쟁의행위라 함은 파업·태업·직장폐쇄 기타 노동관계

---

207) 행정관청은 쟁의행위가 이에 해당한다고 인정하는 경우에는 노동위원회의 의결을 얻어 그 행위를 중지할 것을 통보하여야 한다(제42조 제3항 본문). 다만, 사태가 급박하여 노동위원회의 의결을 얻을 시간적 여유가 없을 때에는 그 의결을 얻지 아니하고 즉시 그 행위를 중지할 것을 통보할 수 있지만(제42조 제3항 단서), 행정관청은 지체없이 노동위원회의 사후승인을 얻어야 하며 그 승인을 얻지 못한 때에는 그 통보는 그때부터 효력을 상실한다(제42조 제4항).

208) 이 법에서 '필수유지업무'라 함은 필수공익사업의 업무 중 그 업무가 정지되거나 폐지되는 경우 공중의 생명·건강 또는 신체의 안전이나 공중의 일상생활을 현저히 위태롭게 하는 업무로서 대통령령이 정하는 업무를 말한다(제42조의2 제1항).

당사자가 그 주장을 관철할 목적으로 행하는 행위와 이에 대항하는 행위로서 업무의 정상적인 운영을 저해하는 행위를 말한다(제2조 제6호).

(1) 파업

파업(Strike)은 노동자가 단결하여 근로의 제공을 거부하는 가장 강력한 방법의 쟁의행위이다.

여기서 문제되는 것은 정치파업(Political Strike)이다. 노동관계 당사자간의 문제가 아닌 정치적인 목적으로 파업을 할 수 있느냐 하는 점이다.

이에 관하여 **긍정설**은 궁극적으로 노동자들의 권익향상은 입법 등 정치적 · 정책적 결정으로 가능하므로 정치파업도 허용되어야 한다고 한다.209)

그리고 **부정설**은 쟁의행위는 노동관계 당사자간의 문제를 해결하기 위한 수단이므로 정치적인 목적으로 이를 행할 수 없다고 한다.210)

마지막 **절충설**은 순수한 정치파업은 허용되지 아니하지만, 노동 및 사회보장 관련 입법이나 노동자의 사회

---

209) 이영희, 「노동기본권의 이론과 실제」 (1990), 174면.

210) 박상필, 「한국노동법」 (1993), 532면; 심태식, 「노동법개론」 (1989), 122면; 이종하, 「노동법」 (1960), 245면; 김형배 · 박지순, 「노동법강의」 (2020), 583면; 이상윤, 「노동법」 (2019), 806~807면.

적·경제적 지위 향상과 관련된 사항을 위하여는 가능하다고 본다.[211]

그리고 절충설을 취하면서도 조금 더 엄격하게 해석하여 사용자와 단체교섭으로 해결할 수 있는 문제에 한하여 정치파업이 허용된다거나[212] 허용범위 내의 정치파업이라도 관철을 목적으로 장시간 행하는 것은 위법이라는 주장[213]도 있다.

이처럼 과거에는 부정설이 다수설이었으나, 최근에는 절충설이 다수설이다. 그러나 판례는 여전히 부정설을 지지한다.

이에 관하여 보면, 정치활동은 헌법에서 보장한 기본권이므로 노동조합도 그 권리의 향유주체에서 배제할 수 없으며, 노동자의 권익향상은 정치활동을 통하여 이룰 수 있다는 점에서 노동조합의 정치활동은 필요하고 법적으로 보장되어야 한다.[214]

그리고 정치적 성격을 가진 파업이라고 하여 모두 배척할 수는 없지만, 사용자와 사회에 심각한 경제적 영향을 미

---

211) 김유성, 「노동법Ⅱ」 (2000), 230~232면; 신인령, 「노동법」 (2020), 625면; 이병태, 「최신노동법」 (2008), 313~314면; 임종률, 「노동법」 (2020), 244면; ; 이 정, 「노동법」 (2004), 434면; 하갑래, 「노동법」 (2020), 625면.

212) 菅野和夫, 「勞働法」 (2019), 962~963면.

213) 西谷 敏, 「勞働法」 (2020), 718~719면.

214) 박승두, 「노동조합의 정치활동」 (1996), 497~499면.

친다는 점에서 이를 무한정 허용할 수도 없다.

따라서 노동조합의 정치활동과 정치파업은 반드시 동
일한 문제라 볼 수 없고, 위에서 본 절충설과 같이 노동
자의 사회적·경제적 지위 향상과 관련된 사항에 한하여
허용된다고 보아야 한다.

(2) 태업

태업(Soldiering)은 노동자가 단결하여 의도적으로 작업의
능률을 저하시키는 행위로, 정당성이 인정된다.

그러나 원료나 기계 또는 제품 등 사용자가 소유·관
리하는 재산상 손해를 초래하는 적극적 태업(Sabotage)은 정
당성을 인정받지 못한다.215)

이에 관하여 생각하여 보면, 태업은 업무의 능률을 저
하시킴으로써 생산성을 낮추는 효과가 있지만, 어떤 점에
서는 안전사고의 예방이나 불량률의 저하 등 긍정적인 면
도 있다. 따라서 태업은 원칙적으로 정당한 쟁의행위로

---

215) 박상필, 「한국노동법」(1993), 538면; 김유성, 「노동법
Ⅱ」(2000), 246면; 김형배·박지순, 「노동법강의」(2020), 603
면; 이병태, 「최신노동법」(2008), 302~303면; 임종률, 「노
동법」(2020), 252~253면; 이 정, 「노동법」(2004), 420면; 이
상윤, 「노동법」(2019), 851면; 하갑래, 「노동법」(2020),
626~627면; 노동법실무연구회, 「노동조합 및 노동관계조정
법 주해 Ⅱ」(2015), 351~352면; 유각근, 「노동법」(2016),
345면.

볼 수 있지만, 일부러 불량품을 유도하거나 사용자의 재산상 손해를 초래하는 파괴적 행위는 정당한 쟁의행위로 보호받을 수 없다.

(3) 보이콧

보이콧(Boycott)은 노동조합이 사용자 또는 사용자와 거래관계에 있는 제3자의 상품의 판매 또는 사용자가 제공하는 시설의 이용을 집단적으로 거부하는 행위이다.

이에 관한 학설은 ① 사용자의 상품을 대상으로 하는 행위를 "1차적 보이콧(Primary Boycott)"도 위법이라는 견해216)와 ② 이는 적법하지만, 사용자와 거래관계에 있는 제3자의 상품을 대상으로 하거나 제3자의 노동자에게 파업을 유도하는 "2차적 보이콧(Secondary Boycott)"은 정당하지 않다는 견해,217) ③ 이도 정당하다는 견해218)와 이는 압력수단에 따라 판단하여야 한다는 견해219)로 나누어 진다.

이에 관하여 생각하여 보면, 노동쟁의는 노동관계 당사

---

216) 이상윤, 「노동법」 (2019), 859면.

217) 박상필, 「한국노동법」 (1993), 539면; 김형배·박지순, 「노동법강의」 (2020), 603면; 임종률, 「노동법」 (2020), 252~253면; 노동법실무연구회, 「노동조합 및 노동관계조정법 주해 Ⅱ」 (2015), 355면; 유각근, 「노동법」 (2016), 346면.

218) 김유성, 「노동법Ⅱ」 (2000), 249면; 박홍규, 「노동단체법」 (2000), 399면; 하갑래, 「노동법」 (2020), 628면.

219) 西谷 敏, 「勞働法」 (2020), 727면.

자간에 상호 의견의 불일치로 인하여 자신의 의견을 관철하기 위하여 상대방에게 가하는 압력수단이라고 보아야 할 것이므로, 직접 노동관계 당사자가 아닌 제3자의 상품에 대한 불매운동이나 제3자의 노동자에게 파업을 유도하는 행위는 원칙적으로 쟁의행위의 범위를 벗어난 것이라 보아야 한다.

그러나 제3자라 하더라도 계열회사 관계라든가 현재 파업의 쟁점사항과 직접 관련이 있거나 중대한 책임이 있는 등 특별한 사유가 있는 경우에는 제2차적 보이콧도 적법하다고 보아야 한다.

(4) 피케팅

피케팅(Picketting)은 독자적인 쟁의행위가 아니고 파업 등의 쟁의행위의 효과를 높이기 위하여 구호 등을 적은 피켓을 들고 시위하는 행위이다.

피케팅은 폭행 등 다른 불법적인 요소와 결합되지 않는 한 그 자체로서는 정당성이 인정된다.[220]

---

220) 박상필, 「한국노동법」(1993), 540면; 김유성, 「노동법 Ⅱ」(2000), 249면; 김형배·박지순, 「노동법강의」(2020), 603~604면; 이병태, 「최신노동법」(2008), 305면; 임종률, 「노동법」(2020), 255면; 이 정, 「노동법」(2004), 428면; 이상윤, 「노동법」(2019), 860면; 하갑래, 「노동법」(2020), 628~629면; 노동법실무연구회, 「노동조합 및 노동관계조정법 주해 Ⅱ」(2015), 357면; 菅野和夫, 「勞働法」(2019), 970~971면; 西谷 敏, 「勞働法」(2020), 726면.

이에 관하여 생각하여 보면, 피케팅은 노동조합이 자신의 주장을 대 사용자 혹은 대 조합원, 나아가 대 고객이나 사회에 알리고자 하는 행위로 가장 일반적이다.

이는 파업 등 다른 쟁의행위의 진행 중에 수시로 행할 수도 있고, 경미한 사항의 경우에는 피케팅만으로 그칠 수도 있다.

일반적으로 피케팅은 평화적인 주장에 그치지만, 사용자의 불법행위에 대응하기 위하여는 일부 실력의 행사가 동반될 수도 있다.[221]

(5) 생산관리

생산관리는 노동조합 또는 노동자의 집단이 쟁의의 목적을 달성하기 위하여 사용자의 지휘·명령권을 배제하고 노동조합의 통제 또는 지휘·명령하에 사업장과 그 시설·자재 등을 접수함으로써 기업을 직접 경영하는 행위이다.

이에 대하여는 ① 종래의 경영방침을 변경하지 않는 소극적 생산관리는 정당성을 가지나, 임의로 경영방침을 변경하는 적극적 생산관리는 정당성을 가지지 않는다는 견해[222]와 ② 사용자의 의사에 반하는 생산관리는 모두 정

---

221) 유각근, 「노동법」 (2016), 347면.

222) 이병태, 「최신노동법」 (2008), 307면; 박홍규, 「노동단체법」 (2000), 398면; 이 정, 「노동법」 (2004), 427면; 이상윤,

당성을 가질 수 없다는 견해,223) ③ 기본적으로 생산관리의 정당성을 인정하기 어렵지만, 생계유지를 위한 소극적 생산관리는 정당하다는 견해224)가 있다.

경영에 관한 사항이 단체교섭이나 노사협의의 사항으로 될 수는 있지만, 이러한 절차를 거치지 아니한 채 노동조합이 직접 경영의 일부인 생산과정을 사용자를 배제한 채 자신의 통제하에 두는 것은, 경영방침의 변경 여부를 따질 필요없이 노동쟁의의 방법으로 행할 수 없는 불법행위라고 보아야 한다.

그러나 회사가 파산상태에 직면하여 정상적인 경영을 기대할 수 없는 상황 등의 경우에는 예외이다.

(6) 직장점거

직장점거(Sit-in)는 노동쟁의를 행하면서 사용자의 의사에 반하여 사업장에서 퇴거하지 않고 점거하는 행위이다.

이에 대하여 학설은 전면적·배타적 점거는 정당성을 가질 수 없지만, 부분적·병존적 점거는 정당성을 가진다225)고 본다. 물론, 부분적·병존적 점거라도 노조법에서

「노동법」 (2019), 857면.

223) 하갑래, 「노동법」 (2020), 628면; 유각근, 「노동법」 (2016), 346면.

224) 노동법실무연구회, 「노동조합 및 노동관계조정법 주해 Ⅱ」 (2015), 354면.

금지하는 시설에 대하여는 정당성을 가질 수 없다.

이에 관하여 생각하여 보면, 노동쟁의의 과정에서 어느 정도 직장점거가 필요하다고 하더라도 이는, 노조법의 합리성이나 개정 필요성 여부는 별론으로 하고, 노조법의 범위 내에서 부분적·병존적 점거는 적법하다고 보아야 한다.

그러나 적법한 직장점거 중에 사용자의 불법적인 공격이 개시된 경우, 이를 방어하기 위한 한도내에서의 수단의 동원은 합법적으로 해석하여야 한다.

(7) 준법투쟁

준법투쟁(Work to rule)은 노동조합 또는 노동자의 집단이 법규정의 준수를 명분으로 사용자의 정상적인 업무 운영을 저해하는 행위이다.

이에 대하여는 크게 ① 쟁의행위에 해당하지 않는다는 견해와 ② 쟁의행위에 해당한다는 견해로 구분된다.

---

225) 김유성, 「노동법Ⅱ」(2000), 249면; 김형배·박지순, 「노동법강의」(2020), 604면; 이병태, 「최신노동법」(2008), 301면; 박홍규, 「노동단체법」(2000), 398면; 임종률, 「노동법」(2020), 254면; 이 정, 「노동법」(2004), 422~423면; 이상윤, 「노동법」(2019), 863면; 하갑래, 「노동법」(2020), 630면; 노동법실무연구회, 「노동조합 및 노동관계조정법 주해 Ⅱ」(2015), 359면; 유각근, 「노동법」(2016), 347면; 菅野和夫, 「勞働法」(2019), 972면; 西谷 敏, 「勞働法」(2020), 726~727면.

전자는 개인이 자유롭게 할 수 있는 행위는 집단으로 행할지라도 위법이 되지 않으므로 준법투쟁은 정당한 행위로서 쟁의행위에 해당하지 않으며 제한도 가할 수 없다고 본다(쟁의행위부정설).[226] 그리고 **후자**는 준법투쟁은 쟁의행위에 해당한다고 보지만, 그 정당성 여부는 "정상적인 업무 운영"의 개념에 따라 다르게 평가한다.

① 먼저, 정상적인 업무는 법령·단체협약·취업규칙의 범위 내의 업무라고 보는 견해이다. 이에 따르면, 비정상적인 상태가 아무리 관행화되었다고 하더라도 이는 법률상 정상적인 것이 아니므로, 이를 거부하는 준법투쟁은 정상적인 업무 운영의 저해에 해당하지 아니한다. 따라서 준법투쟁은 위법행위를 거부하는 것으로 쟁의행위에 해당하지 않는다(법규정상설).[227]

② 그리고 정상적인 업무는 법령·단체협약·취업규칙에 의한 적법한 업무만을 의미하는 것은 아니고 사실상의 평상의(normal)업무를 말한다는 견해이다.

이에 따르며, 사실상의 업무를 거부하는 준법투쟁도 사용자의 정상적인 업무를 방해하는 것으로 쟁의행위에 해당한다(사실정상설).[228] 판례도 이를 지지한다.[229]

---

226) 김유성, 「노동법Ⅱ」(2000), 253면; 이병태, 「최신노동법」(2008), 296면.

227) 野村平爾·峯村光郎, 「勞働關係調整法」(1962), 105면.

228) 박상필, 「한국노동법」(1993), 540면; 김형배·박지순, 「노동

이에 관하여 생각하여 보면, 노동조합이 노동쟁의의 한 방법으로 행하는 준법투쟁은 다음 세 가지 유형으로 분류할 수 있다.

① 법령·단체협약·취업규칙에 위반한 불법 업무의 수행을 거부하는 행위는 지금까지 관행적으로 해 왔느냐 여부와 상관없이 쟁의행위에 해당되지 아니하며, 쟁의행위의 요건과 절차를 갖출 필요 없이 언제든지 자유롭게 행할 수 있다고 보아야 한다.

② 법령·단체협약·취업규칙에 의한 적법한 업무의 수행을 거부하는 행위는 쟁의행위에 해당하므로 요건과 절차를 갖추어야 한다.

③ 법령·단체협약·취업규칙에 명확히 규정이 되어 있지 않아 적법 및 위법을 판단할 수 없는 사항을 거부하는

법강의」 (2020), 583면; 이 정, 「노동법」 (2004), 425~426면; 이상윤, 「노동법」 (2019), 854면; 노동법실무연구회, 「노동조합 및 노동관계조정법 주해 Ⅱ」 (2015), 363; 吾妻光俊, 「勞働法槪論」 (1959), 243면; 石井照久, 「勞動法總論」 (1985), 369면.

229) 회사에서는 1987.11.25. 임시노사협의회에서 레미콘차량 및 덤프트럭운전기사에 대하여 정휴제를 원칙으로 하되, 매월 1, 3주째 일요일은 정기휴일로 하고 매월 2, 4, 5,주째 일요일은 회사가 필요한 인원을 지정하여 근무하도록 한다는 합의가 이루어진이래 이와 같은 내용의 격휴제가 관행적으로 실시되어 왔음에도 불구하고, 원고를 비롯한 참가인 회사소속 근로자들이 레미콘차량 개인불하도급제 철폐 등 주장을 관철시킬 목적으로 판시의 경위로 종래 통상적으로 실시해 오던 휴일근무를 집단적으로 거부하였다면, 이는 회사업무의 정상적인 운영을 저해하는 것으로서 쟁의행위에 해당한다; 대법원 1994. 2. 22. 선고 92누11176 판결.

행위라도, 이 또한 평상시 업무의 수행이나 사용자의 이해에 중대한 영향을 미치는 경우에는 쟁의행위라고 보아야 한다.

라. 노동쟁의의 효과

(1) 민·형사 면책

노동조합의 적법한 쟁의행위는 민사230) 및 형사상231) 책임이 면제된다.

(2) 사용자의 채용제한

사용자는 쟁의행위 기간중 그 쟁의행위로 중단된 업무의 수행을 위하여 당해 사업과 관계없는 자를 채용 또는 대체할 수 없다(제43조 제1항). 따라서 당해 사업과 관계있는 자, 즉 비조합원이나 파업불참 조합원을 대체하는 것은 무방하다.

그리고 쟁의행위 기간중 채용을 금지하는 것이므로 원칙적으로 쟁의행위가 발생하기 이전에 채용하는 것은 무

---

230) 제3조(손해배상 청구의 제한) 사용자는 이 법에 의한 단체교섭 또는 쟁의행위로 인하여 손해를 입은 경우에 노동조합 또는 근로자에 대하여 그 배상을 청구할 수 없다.

231) 제4조(정당행위) 형법 제20조의 규정은 노동조합이 단체교섭·쟁의행위 기타의 행위로서 제1조의 목적을 달성하기 위하여 한 정당한 행위에 대하여 적용된다. 다만, 어떠한 경우에도 폭력이나 파괴행위는 정당한 행위로 해석되어서는 아니된다.

방하지만, 쟁의행위가 발생하기 이전이라 하더라도 채용의 목적이 대체근로를 위한 것일 때에는 위법이라고 보아야 한다.[232]

그러나 예외적으로 필수공익사업의 사용자가 쟁의행위 기간 중에 한하여 당해 사업 또는 사업장 파업참가자의 100분의 50을 초과하지 않는 범위 안에서 당해 사업과 관계없는 자를 채용 또는 대체할 수 있다(제43조 제3항 및 제4항).

(3) 도급 및 하도급의 제한

사용자는 쟁의행위기간중 그 쟁의행위로 중단된 업무를 도급 또는 하도급 줄 수 없다(제43조 제2항).

그러나 예외적으로 **필수공익사업**의 사용자가 쟁의행위 기간 중에 한하여 당해 사업 또는 사업장 파업참가자의 100분의 50을 초과하지 않는 범위 안에서 해당 업무를 도급 또는 하도급 줄 수 있다(제43조 제3항 및 제4항).

(4) 무노동무임금

사용자는 쟁의행위에 참가하여 근로를 제공하지 아니한 근로자에 대하여는 그 기간중의 임금을 지급할 의무가 없다(제44조 제1항). 노동조합은 쟁의행위 기간에 대한 임금의 지급을 요구하여 이를 관철할 목적으로 쟁의행위를 하여서는 아니된다(제44조 제2항).

---

232) 대법원 2000.11.28. 선고 99도317 판결.

2. 사용자의 노동쟁의

가. 노동쟁의의 방법

사용자가 할 수 있는 쟁의행위로는 노동자들이 제공하는 노동의 수령을 거부하는 직장폐쇄(Lock-out)가 있다.

나. 직장폐쇄의 요건

사용자는 **노동조합이 쟁의행위를 개시한 이후에만** 직장폐쇄를 할 수 있다(제46조 제1항).

이에 관하여 판례는 노동조합이 쟁의행위를 개시하기 전에 행한 선제적·공격적 직장폐쇄가 정당하지 않음은 물론,233) 노동조합이 파업에 돌입한 지 불과 4시간만에 행한 직장폐쇄도 정당성을 가질 수 없다234)고 하였다.

다. 직장폐쇄의 절차

---

233) 대법원 2003.6.13. 선고 2003두1097 판결.
234) 대법원 2007.12.28. 선고 2007도5204 판결.

사용자는 직장폐쇄를 할 경우에는 미리 행정관청 및 노동위원회에 각각 신고하여야 한다(제46조 제2항).

라. 직장폐쇄의 효과

(1) 노동제공의무의 면제

사용자의 직장폐쇄가 정당한 경우, 사용자가 특별히 요청하는 자를 제외하고 노동자는 노동을 제공할 의무를 면한다.

(2) 무노동무임금

사용자의 직장폐쇄가 정당한 경우, 사용자는 앞의 노동자의 쟁의행위와 마찬가지로 노동을 제공하지 아니한 노동자에 대하여는 그 기간중의 임금을 지급할 의무가 없다.[235]

그리고 노동조합은 직장폐쇄 기간에 대한 임금의 지급을 요구하여 이를 관철할 목적으로 쟁의행위를 하여서는 아니된다.

(3) 사업장 출입금지

사용자의 직장폐쇄가 정당한 경우, 사용자는 노동자의

---

235) 이철수 외, 「로스쿨 노동법」 (2013), 438~439면.

사업장 출입을 금지할 수 있으며,236) 이를 위반하면 **건조
물침입죄**가 성립한다. 그리고 노동자나 노동조합은 사용
자의 의사에 반하여 사업장을 점거할 수 없으며, 사용자
의 퇴거요구에 불응하면 **퇴거불응죄**가 성립한다.

이에 관하여 판례는 노동조합의 직장점거가 적법하였
다 하더라도 사용자가 이에 대응하여 적법하게 직장폐쇄
를 하게 되면, 사업장으로부터의 퇴거를 요구할 수 있고
불응시 퇴거불응죄가 성립한다237)고 한다.

---

236) 사용자의 직장폐쇄가 행해진 경우라도 노동조합의 조합원
    이 사업장 내에 있는 노동조합 사무실을 출입하거나 노동조
    합 사무실 내에서 농성하는 것은 허용된다; 김현수, 「노동조
    합 및 노동관계조정법」(2013), 892면.

237) 근로자들의 직장점거가 개시 당시 적법한 것이었다 하더
    라도 사용자가 이에 대응하여 적법하게 직장폐쇄를 하게 된
    후 퇴거요구를 받고도 불응한 채 직장점거를 계속한 행위는
    퇴거불응죄를 구성한다; 대법원 1991. 8. 13. 선고 91도
    1324 판결.

제 4 장 공정한 심판자로서의 국가

제 1 절 원칙적으로 당사자의 의사
       를 존중한다
제 2 절 합리적인 해결방안을 제시
       한다
제 3 절 피해에 대하여는 신속하게
       구제한다

제1절 원칙적으로 당사자의 의사를 존중한다

1. 자주적 해결의 우선

노동관계 당사자도 단체협약에 노동관계의 적정화를 위한 노사협의 기타 단체교섭의 절차와 방식을 규정하고 노동쟁의가 발생한 때에는 이를 **자주적으로 해결**하도록 노력하여야 한다(제48조).

따라서 노조법상 노동쟁의의 조정에 관한 규정은 강제적인 규정이 아니고 노동관계 당사자에 의한 자주적인 해결이 불가능한 경우에 대비한 것이다.238)

또한 노동위원회는 노동쟁의의 조정신청 전이라도 원활한 조정을 위하여 교섭을 주선하는 등 관계 당사자의 자주적인 분쟁 해결을 지원할 수 있다(제53조 제2항).

---

238) 제47조(자주적 조정의 노력) 이 장의 규정은 노동관계 당사자가 직접 노사협의 또는 단체교섭에 의하여 근로조건 기타 노동관계에 관한 사항을 정하거나 노동관계에 관한 주장의 불일치를 조정하고 이에 필요한 노력을 하는 것을 방해하지 아니한다.

2. 사적조정(私的調整)

가. 사적조정의 의의

노동쟁의는 노사의 당사자간의 문제이므로 그 해결 또한 당사자간의 자주적인 노력에 의하는 바람직하다. 왜냐하면 제3자에 의한 인위적인 봉합은 새로운 분쟁의 불씨가 될 수도 있으며, 노사의 합리적인 발전방향은 당사자들이 가장 잘 알 수 있기 때문이다.

그럼에도 불구하고 노조법에서 노동쟁의의 조정(調整)제도로서 조정(調停)과 중재(仲裁)제도를 두어 법적 해결 방안을 규정하고 있는 이유는 노동쟁의가 노동관계당사자만의 문제가 아니라 국민경제와 국민의 일상생활에도 크게 영향을 미치기 때문이다.

그러나 이 경우에도 당사자의 의사에 의한 **사적조정239)**을 우선으로 하고, 노동위원회에 의한 공적조정은 후순위로 한다. 사적조정제도는 1987년의 노조법 개정법에

---

239) 제52조(사적 조정·중재) ① 제2절 및 제3절의 규정은 노동관계 당사자가 쌍방의 합의 또는 단체협약이 정하는 바에 따라 각각 다른 조정 또는 중재방법(이하 이 조에서 '사적조정등'이라 한다)에 의하여 노동쟁의를 해결하는 것을 방해하지 아니한다.

서 신설된 것으로, 조정제도로서는 획기적인 입법조치라 평가된다.[240]

나. 사적조정의 절차

노동관계 당사자는 사적조정절차에 의하여 노동쟁의를 해결하기로 한 때에는 이를 노동위원회에 신고하여야 한다(제52조 제2항).

다. 사적조정의 효과

사적조정절차에 의하여 조정 또는 중재가 이루어진 경우에 그 내용은 **단체협약과 동일한 효력**을 가진다(제52조 제4항).

3. 노동위원회의 조정(調停)

가. 조정의 의의

노동위원회가 개입하더라도 바로 강제성이 강한 중재절차를 취하지 아니하고, 당사자의 의견을 존중하는 조정절차

---

240) 박상필, 「한국노동법」(1993), 576면.

를 먼저 취한다. 노동쟁의의 조정(調整)에는 조정(調停)과 중재(仲裁)가 있는데, 여기서는 조정(調停)에 관하여만 설명한다.

조정(mediation)은 노동위원회가 노사 양당사자의 의견을 청취하여 합리적인 해결방안(조정안)을 작성하여 양당사자에게 제시하여 수락을 권고한다. 이때 **양당사자가 모두 수락하면 조정이 성립**하지만 어느 한 쪽이라도 수락을 거부하면 조정은 성립되지 아니한다. 따라서 조정안은 권고에 그치고 강제성이 없기 때문에, 양당사자가 자주적으로 해결할 수 있는 기회를 제공한다.

나. 조정의 절차

조정의 신청은 양당사자가 함께 신청하여야 하는 것은 아니고, 어느 한 쪽의 신청만으로 가능하다. 노동위원회는 노동쟁의의 조정을 신청받은 때에는 지체없이 조정을 개시하여야 하며 관계 당사자 쌍방은 이에 성실히 임하여야 한다(제53조 제1항).

조정위원회 또는 단독조정인은 조정안을 작성하여 이를 관계 당사자에게 제시하고 그 수락을 권고하는 동시에 그 조정안에 이유를 붙여 공표할 수 있으며, 필요한 때에는 신문 또는 방송에 보도등 협조를 요청할 수 있다(제60조 제1항).

조정위원회 또는 단독조정인은 관계 당사자가 수락을 거부하여 더 이상 조정이 이루어질 여지가 없다고 판단되는 경우에는 조정의 종료를 결정하고 이를 관계 당사자 쌍방에 통보하여야 한다(제60조 제2항).

다. 조정의 효력

조정안이 관계 당사자에 의하여 수락된 때에는 조정위원 전원 또는 단독조정인은 조정서를 작성하고 관계 당사자와 함께 서명 또는 날인하여야 한다(제61조 제1항). 조정서의 내용은 **단체협약과 동일한 효력**을 가진다(제61조 제2항).

제 2 절 합리적인 해결방안을 제시한다

1. 노동위원회제도

가. 노동위원회법의 이념

(1) 노동행정의 민주성과 공정성의 확보

노동위원회법은 노동행정의 민주화와 노동관계의 공정

한 조절을 기하기 위하여 노동위원회를 설치함을 목적으로 한다(제1조).

그러나 민주성의 확보는 정부행정조직으로 부터의 독립성이 보장되어야 하고, 공정성은 전문성의 보장이 선행되어야 한다. 그리고 민주성·독립성·공정성·전문성 등의 개념은 각자 개별적인 것이 아니고 상호간에 영향을 미친다고 볼 수 있다.241)

(2) 노동관계의 발전

노동행정의 민주성과 공정성의 확보는 그 자체가 목적이 아니고 노동관계의 발전을 위한 것이다. 노동행정이 민주성과 공정성을 확보하여야만 노동관계를 형성해 갈 수 있기 때문이다.

나. 노동위원회의 구성과 권한

(1) 노동위원회의 구성

노동위원회는 부당노동행위에 대한 심사 및 노동쟁의의 조정 등을 담당하는 노동행정기관이며, **노·사·공익의 3자로 구성**한다. 노동위원회에는 중앙노동위원회·지방노동위원회 및 특별노동위원회가 있다.

---

241) 박승두, 「노동법개론」 (1995), 329면.

(2) 노동위원회의 권한

노동위원회는 판정적 권한, 조정의 권한, 기타의 권한을 가진다. 먼저, **판정적 권한**은 ① 노동조합의 규약, 결의, 처분에 대한 심사·의결(노조 제21조) ② 부당노동행위에 관한 판정·구제명령권(노조 제84조) ③ 해고 등의 정당성의 여부에 대한 판정(근기 제30조) 등이다.

그리고 **조정의 권한**은 ① 노동쟁의의 조정·중재 및 긴급조정의 권한(노조 제53조, 제62조, 제76조) ② 재해보상에 관한 심사·중재의 권한(근기 제89조) 등이다.

마지막 **기타의 권한**은, ① 사무집행을 위하여 필요한 경우에 행하는 조사권(노위 제22조) ② 사용자 또는 노동자에 대한 보고·출석요구권(근기 제13조) ③ 긴급조정시에 있어서 고용노동부장관에 대한 의견제시권(노조 제76조) 등이다.

2. 노동쟁의의 중재(仲裁)

가. 중재(仲裁)의 의의

중재(仲裁, arbitration)는 앞에서 본 조정(調停, mediation)과는 달리, 중재위원회에서 내리는 중재재정이 관계당사자를 구속하는 점에 있어서 당사자의 자주적 해결의 원칙이 적용되지 않는다. 따라서 중재보다는 조정을 우선적으로 행한다.

중재에는 임의중재와 강제중재가 있다. ① 임의중재는 관계당사자 쌍방이 함께 신청하였을 때에 절차가 개시되지만, ② 강제중재는 관계당사자의 신청없이 강제적으로 절차가 개시된다.

나. 중재의 절차

앞에서 본 바와 같이 ① 임의중재는 관계당사자의 쌍방이 함께 중재의 신청을 한 때 또는 관계당사자의 일방이 단체협약에 의하여 중재신청을 한 때에 개시된다. 그리고 임의중재는 일반사업과 공익사업의 구별없이 모두 적용된다. ② 강제중재는 엄격하게 제한하여 공익사업에 한하여 노동위원회의 직권으로 회부한다는 결정을 한 때 또는 행정관청의 요구에 의하여 노동위원회가 중재에 회부한다는 결정을 한 때에 개시된다.

중재는 임의중재를 원칙으로 하고 예외적으로 강제중재를 인정하고 있다. 이것은 중재재정은 법적으로 구속력이 발생하므로 강제중재를 폭넓게 인정하게 되면 노동당사자의 자주적 해결의 원칙을 무너뜨리기 때문이다.

중재가 개시되면 냉각기간에 관계없이 그 날로부터 15

일간은 쟁의행위를 할 수 없다.

조정위원회와는 달리, 중재위원회는 공익위원만으로 구성한다. 그 이유는 법적 구속력을 부여하는 중재재정을 함에 있어서 중립성을 보장하기 위한 것이다.

다. 중재재정의 효력

중재재정은 서면으로 작성하여야 하며 그 서면에는 효력발생기일을 명시하여야 한다. 중재재정은 **단체협약과 동일한 효력**을 가진다. 그러나 관계당사자는 중재재정이 위법이거나 월권에 의한 것이라고 인정하는 경우에는 중앙노동위원회에 **재심을 신청하거나 또는 행정소송을 제기**할 수 있다. 또한 중재재정에 대하여 재심의 청구나 행정소송을 제기하더라도 중재재정의 효력은 정지되지 않으므로, 재심청구나 행정소송의 제기와 관계없이 당사자를 구속한다.

3. 긴급조정(緊急調整)

가. 긴급조정의 의의

앞에서 본 바와 같이, 노동쟁의는 노동관계 당사자에

의하여 해결하는 것을 우선으로 하면서도 법적 해결방안을 규정하고 있다.

그리고 쟁의행위가 공익사업에 관한 것이거나 또는 국민경제 내지 국민생활에 중대한 영향을 미치게 되는 경우에는 더욱 더 강력한 규정을 두고 있다. 즉, 이 경우에는 일반조정절차가 아닌 별도로 '긴급조정'이라는 특별한 조정절차를 두고 있다.242)

이 제도는 중대한 쟁의행위로 인한 국민경제 내재 국민생활의 위협을 제거하는데 목적이 있지만, 일정기간 쟁의행위를 금지하여243) 헌법상 보장된 노동자의 단체행동권을 침해할 소지가 있으며, 노동쟁의의 자주적 해결의 원칙에도 반하게 된다. 따라서 이 제도를 운영함에 있어

---

242) 제76조(긴급조정의 결정) ① 고용노동부장관은 쟁의행위가 공익사업에 관한 것이거나 그 규모가 크거나 그 성질이 특별한 것으로서 현저히 국민경제를 해하거나 국민의 일상생활을 위태롭게 할 위험이 현존하는 때에는 긴급조정의 결정을 할 수 있다. ② 고용노동부장관은 긴급조정의 결정을 하고자 할 때에는 미리 중앙노동위원회 위원장의 의견을 들어야 한다. ③ 고용노동부장관은 제1항 및 제2항의 규정에 의하여 긴급조정을 결정한 때에는 지체없이 그 이유를 붙여 이를 공표함과 동시에 중앙노동위원회와 관계 당사자에게 각각 통고하여야 한다.

243) 제77조(긴급조정시의 쟁의행위 중지) 관계 당사자는 제76조제3항의 규정에 의한 긴급조정의 결정이 공표된 때에는 즉시 쟁의행위를 중지하여야 하며, 공표일부터 30일이 경과하지 아니하면 쟁의행위를 재개할 수 없다.

서는 노동자의 노동기본권과 공공복지가 서로 조화롭게
실현되도록 하여야 한다.[244]

나. 긴급조정의 절차

고용노동부장관이 긴급조정의 결정을 한 때에는 지체
없이 그 이유를 붙여 이를 공표함에 동시에 중앙노동위원
회와 관계당사자에게 각각 통고하여야 한다(제76조 제3항). 중
앙노동위원회는 통고를 받은 때에는 지체없이 조정을 개
시하여야 한다(제78조).

중앙노동위원회의 위원장은 조정이 성립될 가망이 없
다고 인정한 경우에는 공익위원의 의견을 들어 그 사건을
중재에 회부할 것인가의 여부를 통고를 받은 날부터 15일
이내에 결정하여야 한다(제79조 제1항 및 제2항).

중앙노동위원회는 당해 관계 당사자의 일방 또는 쌍방
으로부터 중재신청이 있거나 중재회부의 결정을 한 때에
는 지체없이 중재를 행하여야 한다(제80조).

다. 긴급조정의 효력

긴급조정에 의하여 조정안이 관계당사자에 의하여 수

---

244) 박상필, 「한국노동법」 (1993), 577면.

락되거나 또는 중재재정이 내려지면, 조정서와 중재결정
은 **단체협약과 동일한 효력**을 가진다.

제 3 절 피해에 대하여는 신속하게 구제한다

1. 행정적 구제

가. 행정적 구제제도의 의의

노동자가 헌법에서 보장한 노동3권을 사용자로부터 침
해당한 경우(부당노동행위)245) 법원에 사법적 구제를 신청하기

---

245) 제81조(부당노동행위) ① 사용자는 다음 각 호의 어느 하
나에 해당하는 행위(이하 "不當勞動行爲"라 한다)를 할 수 없다. 1.
근로자가 노동조합에 가입 또는 가입하려고 하였거나 노동조
합을 조직하려고 하였거나 기타 노동조합의 업무를 위한 정
당한 행위를 한 것을 이유로 그 근로자를 해고하거나 그 근
로자에게 불이익을 주는 행위 2. 근로자가 어느 노동조합에
가입하지 아니할 것 또는 탈퇴할 것을 고용조건으로 하거나
특정한 노동조합의 조합원이 될 것을 고용조건으로 하는 행
위. 다만, 노동조합이 당해 사업장에 종사하는 근로자의 3분
의 2 이상을 대표하고 있을 때에는 근로자가 그 노동조합의

이전에 노동위원회에 **행정적 구제**를 신청할 수 있다. 앞에서 본 바와 같이, 부당해고가 발생한 경우에도 노동위원회에 구제신청을 할 수 있다.

조합원이 될 것을 고용조건으로 하는 단체협약의 체결은 예외로 하며, 이 경우 사용자는 근로자가 그 노동조합에서 제명된 것 또는 그 노동조합을 탈퇴하여 새로 노동조합을 조직하거나 다른 노동조합에 가입한 것을 이유로 근로자에게 신분상 불이익한 행위를 할 수 없다. 3. 노동조합의 대표자 또는 노동조합으로부터 위임을 받은 자와의 단체협약체결 기타의 단체교섭을 정당한 이유없이 거부하거나 해태하는 행위 4. 근로자가 노동조합을 조직 또는 운영하는 것을 지배하거나 이에 개입하는 행위와 노동조합의 전임자에게 급여를 지원하거나 노동조합의 운영비를 원조하는 행위. 다만, 근로자가 근로시간 중에 제24조제4항에 따른 활동을 하는 것을 사용자가 허용함은 무방하며, 또한 근로자의 후생자금 또는 경제상의 불행 그 밖에 재해의 방지와 구제 등을 위한 기금의 기부와 최소한의 규모의 노동조합사무소의 제공 및 그 밖에 이에 준하여 노동조합의 자주적인 운영 또는 활동을 침해할 위험이 없는 범위에서의 운영비 원조행위는 예외로 한다. 5. 근로자가 정당한 단체행위에 참가한 것을 이유로 하거나 또는 노동위원회에 대하여 사용자가 이 조의 규정에 위반한 것을 신고하거나 그에 관한 증언을 하거나 기타 행정관청에 증거를 제출한 것을 이유로 그 근로자를 해고하거나 그 근로자에게 불이익을 주는 행위 ② 제1항 제4호단서에 따른 "노동조합의 자주적 운영 또는 활동을 침해할 위험" 여부를 판단할 때에는 다음 각 호의 사항을 고려하여야 한다. 1. 운영비원조의 목적과 경위 2. 원조된 운영비 횟수와 기간 3. 원조된 운영비 금액과 원조방법 4. 원조된 운영비가 노동조합의 총수입에서 차지하는 비율 5. 원조된 운영비의 관리방법 및 사용처 등.

노동조합의 궁극적인 목적은 사용자와 교섭하여 유리한 근로조건을 획득함으로써 노동자의 경제적·사회적 지위 향상을 도모하는 데 있다.

따라서 노조법은 조합조직이나 조합활동 등을 이유로 하는 불이익대우나 지배·개입 등을 부당노동행위라고 함으로써 이를 금지하고 있다.

이는 노동조합의 자주적 활동에 대한 사용자의 방해행위를 제거하여 노동조합이 자주적인 역량으로 사용자와 단체교섭을 실현할 수 있도록 한 것이다.

단결권과 단체행동권은 사용자의 협조없이 노농조합이 독자적으로 행사할 수 있으므로 이러한 조합활동에 대한 불이익대우조치를 한 경우에만 부당노동행위로 규제한다.

이에 반하여 단체교섭권은 사용자의 협조 즉, 사용자가 단체교섭에 성실하게 임하여야만 효력이 나타나기 때문에 단체교섭권의 행사에 대한 불이익대우를 한 경우에도 당연히 부당노동행위가 성립되지만 적극적으로 단체교섭에 임하지 않는 행위까지 부당노동행위로 규제하고 있다.

그러므로 단체교섭의 거부를 부당노동행위라고 하는 것은 사용자에게 노동조합에 대한 승인의 법적 의무를 부과하는 것과 같으며, 이 점에 있어서 모든 부당노동행위 금지 규정 중에서 **단체교섭의 거부를 부당노동행위라고 하는 노조법 규정이 핵심**이다.[246]

이러한 노동조합의 대표자 또는 노동조합으로부터 위

임을 받은 자와의 단체협약체결 기타 단체교섭요구에 대하여 사용자측이 정당한 이유없이 거부하거나 해태하는 행위는 헌법상 보장된 단결권의 내용 중 단체교섭권의 '침해성'의 기준에서 판단하여야 한다고 생각한다.

즉, 단체교섭의 거부해태에 해당하느냐의 여부에 대한 판단은 단체교섭권이 침해되었느냐의 여부에 의하여 판단하여야 한다. 구체적으로 어떠한 경우에 단체교섭권이 침해되었다고 할 것이냐 하는 문제는 단체교섭안건, 배경 및 경위, 양당사자 측의 주장내용 및 태도 등을 감안하여 판단하여야 할 것이다.

나. 구제신청

노동위원회는 당사자의 신청에 의하여 부당노동행위사건을 심사한다.[247] 이 사건의 심사는 원칙적으로 2심제를 채택하고 있는데, 초심은 지방노동위원회, 재심은 중앙노동위원회가 관할권을 가진다. 또한 특별한 경우에는 특별노동위원회가 초심으로서의 관할권을 가진다.

---

246) 박상필, 「한국노동법」(1993), 496면.

247) 제82조(구제신청) ① 사용자의 부당노동행위로 인하여 그 권리를 침해당한 근로자 또는 노동조합은 노동위원회에 그 구제를 신청할 수 있다. ② 제1항의 규정에 의한 구제의 신청은 부당노동행위가 있은 날(계속하는 행위는 그 종료일)부터 3월 이내에 이를 행하여야 한다.

노동자 개인에 대한 부당노동행위인 경우에는 노동자 개인이, 그리고 노동조합에 대한 부당노동행위인 경우에는 노동조합이 원칙적으로 **신청인**이 된다.

그러나 부당노동행위의 구제로 인하여 보호를 받는 자, 즉 이해관계가 있는 자는 모두 신청인이 될 수 있다고 생각되므로 전자의 경우는 그 노동자가 소속하는 노동조합이, 그리고 후자의 경우에는 조합의 간부가 신청인이 될 수 있다고 해석된다.248) 그리고 피해를 입은 노동자 당사자가 부당노동행위 구제신청을 하지 않을 경우 노동조합이 이를 제기할 수 있느냐가 문제된다. 이를 긍정적으로 해석하여야 할 것이다.

그리고 그 반대의 경우, 즉 노동조합이 어용화되어 부당노동행위를 문제삼지 않는 경우에 조합원 개인이 부당노동행위 구제신청을 할 수 있다고 보아야 한다.

그리고 **피신청인**을 고용주로서의 사용자에 한정할 것이냐 또는 부당노동행위를 해서는 안되는 이해대표자 등도 포함할 것이냐 하는 것이 문제가 된다.

이에 대하여 고용주로서의 사용자뿐만 아니라 부당노동행위 금지의무가 있는 이해대표자 등도 모두 포함한다는 견해249)와 법적 당사자와 현실의 행위자를 구별하는

---

248) 박상필, 「한국노동법」 (1993), 509면; 심태식, 「노동법개론」 (1989), 224면.

249) 박상필, 「한국노동법」 (1993), 509면; 김유성, 「노동법 II」

것이 좋다고 하며 피신청인도 원칙적으로 법적 당사자인 사용자를 말한다는 견해250)가 있다.

이에 관하여 생각하여 보면, 부당노동행위의 구제신청은 노동자 혹은 노동조합이 노동3권의 행사를 침해당한 경우 이를 구제하는 수단이므로, 그 행위의 주체나 법적 사용자 지위 등의 문제보다는 효율적인 구제를 받을 수 있는 방법의 측면에서 고려하여야 한다.

따라서 엄격하게 법적 사용자에만 국한할 것이 아니고 신속하고 효율적으로 구제를 받을 수 있는 대상자라면 법적 사용자와 공동으로 혹은 단독으로 피신청인으로 할 수 있다고 보아야 한다. 왜냐하면 현실적으로 부당노동행위 구제를 위한 심문과정에서 반드시 그 의견을 청취하여야 할 대상자를 피신청인으로 하지 않을 경우, 증인 심문 등으로는 그 실효를 거두기 어려운 경우도 있기 때문이다.

다. 심사절차

부당노동행위의 심사절차는 조사와 심문으로 구분된다. 노동위원회는 구제신청을 받은 때에는 지체없이 필요

(2000), 365면; 김형배·박지순, 「노동법강의」 (2020), 651~652면.
250) 이병태, 「최신노동법」 (2008), 421면; 박홍규,「노동단체법」 (2000), 479면; 이상윤, 「노동법」 (2019), 974면; 하갑래, 「노동법」 (2020), 680면.

한 조사와 관계당사자의 심문을 하여야 한다.251)

라. 구제명령

노동위원회는 사건에 관한 심문을 종료하고 부당노동행위가 성립한다고 판정한 때에는 사용자에 대하여 **구제명령**을 하여야 하며, 부당노동행위가 성립하지 않는다고 판정한 때에는 **구제신청을 파기하는 결정**을 하여야 한다 (제84조 제1항).

부당노동행위가 성립한다고 판정한 경우에는 그 구제명령의 내용에 관하여는 노조법에 아무런 규정이 없으며, 따라서 노동위원회의 재량권에 속한다.

그러므로 노동위원회는 부당노동행위제도의 취지에 입각하여 침해된 상태를 회복하는데 적절하다고 인정되는 구체적인 조치를 명령함으로써 불공정한 노동관행을 시정

---

251) 제83조(조사등) ① 노동위원회는 제82조의 규정에 의한 구제신청을 받은 때에는 지체없이 필요한 조사와 관계 당사자의 심문을 하여야 한다. ② 노동위원회는 제1항의 규정에 의한 심문을 할 때에는 관계 당사자의 신청에 의하거나 그 직권으로 증인을 출석하게 하여 필요한 사항을 질문할 수 있다. ③ 노동위원회는 제1항의 규정에 의한 심문을 함에 있어서는 관계 당사자에 대하여 증거의 제출과 증인에 대한 반대심문을 할 수 있는 충분한 기회를 주어야 한다. ④ 제1항의 규정에 의한 노동위원회의 조사와 심문에 관한 절차는 중앙노동위원회가 따로 정하는 바에 의한다.

하고 노동관계의 안정을 도모하여야 한다.[252]

　일반적으로 ① 원직복귀명령 ② 임금의 소급지급(back pay)명령 ③ 금지명령 ④ 단체교섭명령 ⑤ 공고(post notice)명령 ⑥ 이행결과보고명령 등이 내려진다.

2. 사법적 구제

가. 민사소송

(1) 무효확인소송

　노조법상 부당노동행위로서 해고 등의 불이익대우에 대한 사법상의 효력에 관해서는 이를 무효로 보고, 법원에 대하여 **무효확인소송**이나 종업원으로서의 **지위보전의 가처분신청** 등을 제기할 수 있다.

(2) 방해배제청구소송

　노동자의 단결활동에 대한 사용자의 지배·개입과 같은 부당노동행위에 대해서는 행정적 구제와는 별도로 **방해배제 내지 방해예방**의 청구소송을 법원에 제기할 수 있다.

---

252) 박상필, 「한국노동법」 (1993), 510~511면.

(3) 단체교섭의무 확인청구소송

정당한 이유없이 사용자가 단체교섭을 거부한데 대하여 노동조합은 법원에 **단체교섭의무 확인청구소송**을 제기할 수 있다.

(4) 손해배상청구소송

부당노동행위 금지규정은 헌법에서 명시하고 있는 노동3권을 구체적으로 보장하기 위한 강제규정인 만큼, 사용자의 부당노동행위가 이에 반하는 것임은 두말할 필요도 없다.

따라서 사용자에 의한 부당노동행위는 그것이 법률행위로 이루어졌든, 사실행위로 이루어졌든, 민법상 **불법행위에 의한 손해배상책임**이 발생한다는데 대해서는 별다른 이론이 없다.

따라서 해고 등의 불이익대우로 인하여 피해고자가 입은 경제적, 정신적 손해에 대해서는 무효확인소송에 부수하여 피해보상청구가 인정된다.

그 밖에 노동조합의 조직운영 등에 대한 사용자의 지배·개입이나, 정당한 이유없이 단체교섭을 거부하거나 해태함으로써, 피해를 입은 경우에 있어서도 이에 대한 손해배상청구소송도 가능하다 할 것이다.253)

나. 행정소송

(1) 행정소송절차

중앙노동위원회의 구제명령이나 기각결정 또는 재심판정에 대하여 관계당사자는 그 명령서·결정서 또는 재심판정서의 송달을 받은 날로부터 **15일 이내**에 행정소송법의 정하는 바에 의하여 행정소송을 제기할 수 있다(제85조 제2항).

중앙노동위원회의 처분에 대한 소송은 **중앙노동위원회 위원장을 피고(被告)로** 한다(노위 제27조 제1항).

취소소송의 제1심 관할법원은 피고의 소재지를 관할하는 행정법원으로 하지만(행소 제9조 제1항), 중앙행정기관 등을 피고로 하는 취소소송을 제기하는 경우에는 대법원 소재지를 관할하는 행정법원에 제기할 수 있다(행소 제9조 제2항).

그러나 행정소송의 제기에 의하여 중앙노동위원회의 구제명령이나 기각결정 또는 재심결정의 효력이 정지되지 아니한다(제86조). 다만 행정소송의 판결에 의하여 축소·변경된다.

행정소송의 피고인 당사자는 중앙노동위원회의 명령서·결정서 또는 재심판정서의 송달을 받은 날로부터 15일 이

---

253) 윤성천, "부당노동행위 구제제도에 관한 연구"(1984), 105면.

내에 행정소송을 제기하지 않으면 중앙노동위원회의 구제
명령·기각결정 또는 재심판정은 확정되며(제85조 제3항), 관계
당사자는 이에 따라야 한다(제85조 제4항).

(2) 행정소송에 있어서의 판단의 기준시점

중앙노동위원회의 행정처분인 명령·결정·판정 등의 적부
에 대하여 **행정처분이 내려진 시점**을 기준으로 할 것이냐
또는 **판결시**를 기준으로 할 것이냐 하는 것이 문제된다.

이에 관하여 학설은 앞의 견해, 즉 행정소송의 판단을
중앙노동위원회의 처분시점을 기준으로 하여야 한다고 한
다.254)

행정소송은 행정처분에 대한 사법적인 사후심이므로
행정처분의 위법 여부를 판단하는 것이므로 이 견해는 타
당하다고 생각한다.

다. 형사소송

노조법에서 규정한 의무를 이행하지 아니하는 사용자의
행위는 범죄행위이므로, 이에 대하여는 형사처벌이 행해지며,
노조법에는 많은 **벌칙규정**을 두고 있다(제88조~제96조).

---

254) 박상필, 「한국노동법」 (1993), 512면; 윤성천, "부당노동행
     위 구제제도에 관한 연구"(1984), 255면; 박홍규, 「노동법론」
     (1998), 903면.

참 고 문 헌

Ⅰ. 한국 문헌

가. 단행본

고용노동부, 「제4차 산업혁명 시대 고용과 관련한 기업의 사회적 책임」, 고용노동부, 2019.

김경일, 「일제하 노동운동사」, 창작과 비평, 1992.

김대식, 「4차 산업혁명에서 살아남기」, 창비, 2018.

김여수, 「한국노동법」, 일신사, 1975.

김유성, 「노동법Ⅱ」, 법문사, 2000.

김윤환, 「한국노동운동사(Ⅰ)-일제하편」, 청사, 1982.

김현수, 「노동조합 및 노동관계조정법」, 법원사, 2013.

김형배, 「노동법」, 박영사, 1993.

_____·박지순, 「노동법강의」, 신조사, 2020.

김희성, 「집단적노사관계법」, 지인북스, 2011.

박상필, 「한국노동법」, 대왕사, 1993.

노동법실무연구회, 「노동조합 및 노동관계조정법 주해 ⅠⅡ Ⅲ」, 박영사, 2015.

박승두, 「노동법의 재조명」, 노동경제신문사, 1994.

_____, 「노동법개론」, 중앙경제사, 1995.

_____, 「노동조합의 정치활동」, 중앙경제사, 1996.

_____, 「노동법의 역사」, 법률SOS, 2014.

_____, 「유튜브 박교수의 7분법(1): 사회복지법제론」, 신세림출판사, 2020.

_____, 「유튜브 박교수의 7분법(2): 지식재산권법」, 신세림출판사, 2020.

_____, 「유튜브 박교수의 7분법(3): 개인정보보호법」, 신세림출판사, 2020.

박재홍, 「노동법」, 탑북스, 2012.

박홍규, 「노동법」, 영남대학교 출판부, 1992.

_____, 「노동법론」, 삼영사, 1998.

_____, 「노동단체법」, 삼영사, 2000.

_____ 옮김, 「영국노동운동의 역사」, 영남대학교 출판부, 1992.

신동윤, 「ILO 핵심협약의 비준현황과 과제: 입법·정책보고서」, vol.46, 국회입법조사처, 2020.6.24.

신동진, 「집단노사관계법」, 중앙경제, 2011.

신유란·정민·홍유림, 「2020년 하반기 기업 경영환경 전망 및 시사점」, 현대경제연구원, 2020.

신은종, 「노사관계 역사 200년」, 북넷, 2010.

심태식, 「노동법개론」, 법문사, 1989.

양필승, 나행주 옮김, 「일본의 봉건제」, 신서원, 1991.

양현수, 「OECD 국가의 인구고령화와 고령자 고용정책」, 주OECD 대한민국대표부, 2019.

오정무 역, 「세계를 감동시킨 링컨의 명언」, 푸른길, 2020.

우철민 옮김, 「일본노동운동사」, 동녘, 1985.

유각근, 「노동법」, 동방문화사, 2016.

유성재, 「판례노동법」, 법문사, 2008.

이광택·박승두·강현주, 「노동법 제정 60년의 평가와 발전과제, 노사정의 역할」, 한국노동조합총연맹, 2013.

이병태, 「최신노동법」, 중앙경제, 2008.

이병희, 「고용·노동브리프 제95호: 코로나19 대응 고용정책 모색」, 한국노동연구원, 2020.4.14.

이상윤, 「노동법」, 법문사, 2019.

이영범, 「미국노동운동사」, 서원, 1992.

이영석 옮김, 「영국민중사」, 소나무, 1991.

이을형, 「노동법」, 대왕사, 1993.

이종하, 「노동법」, 청구출판사, 1960.

이 정, 「노동법강의」, 한국외국어대학교 출판부, 2004.

이철수 외, 「로스쿨 노동법」, 오래, 2013.

임종률, 「노동법」, 박영사, 2020.

전병서, 「도산법」, 박영사, 2019.

전형택, 「조선후기 노비신분연구」, 일조각, 1994.

정진상 외, 「한국 노동계급의 형성: 1987-2003」, 한울아카
데미, 2006.

조성오 편저, 「인간의 역사」, 동녘, 1994.

조용만·김홍영, 「로스쿨 노동법」, 오래, 2016.

하갑래, 「노동법」, 중앙경제, 2020.

한정숙 역(Helmuth Schneider 외 저), 「노동의 역사」, 한
길사, 1989.

나. 논 문

권혜령, "신자유주의 시대 구조적 폭력의 한 양상 - 2000
년대 이후 노동법제의 변화와 노동기본권의 위기를
중심으로 - ", 「사회법연구」, 제41호, 한국사회법학
회, 2020.8.

김근주, "노동 분야 제21대 국회의 노동 입법 과제", 「국회
입법조사처보」, 통권 제45호, 2020.6.30.

김근혜, "코로나發 경제한파 일자리 대란 우려, 기업들 채
용 연기·무더기 실직… : 국제노동기구, 코로나19로
일자리 2500만개 사라질 것 전망", 「시사뉴스&」.

Vol.52, 시사뉴스미디어, 2020.4.1.

김 영, "근로자의 경영참가제도: 비교법적 고찰", 박사학위
논문, 전남대학교 대학원, 1985.2.

박승두, **"노동조합 대표자의 단체협약체결권에 관한 연
구"**, 「법학논집」, 제30집 제1호, 청주대학교 법학
연구소, 2008.5.31.

_____, "노동법 제정 60주년의 시점에서 본 노·사·정의 역
할", 「노동법학」, 제49호, 한국노동법학회, 2014.3.

_____, "기업회생절차상 정리해고 판결의 부당성 - 대상
판결: 대법원 2014.11.13. 선고 2012다14517 판결,
대법원 2014.11.13. 선고 2014다20875, 20882 판
결 - ", 「사회법연구」, 제33호, 한국사회법학회,
2017.12.

_____, "채무자회생법상 임금채권 우선변제권의 문제점과
개선방안", 「사회법연구」, 제41호, 한국사회법학회,
2020.8.

_____, "채무자회생법과 노동법의 관계", 「노동법학」, 제
35호, 한국노동법학회, 2010.9.

법제처, "국제노동기구(ILO) 핵심협약 비준과 노동관계법
개정안", 「법제소식」, 통권 제88호, 법제조정법제관
실, 2019.9.10.

배병우, "단체교섭권의 법적구조와 교섭사항", 「노동관계법

의 회고와 전망」, 산업사회연구소, 1993.

송강직, "한국에서의 4차 산업혁명시대와 노동법 논의",
「노동법논총」, 제49집, 한국비교노동법학회, 2020.8.

신인수, "국제노동기준과 단결권 보장 – 특수고용노동자의
노동권 보장을 중심으로", 「국제노동」, 통권 238호,
한국ILO협회, 2019.3.

심민석, "단결권을 적극적으로 보호하기 위한 입법방안 연
구 – 유럽인권법원 판례와 ILO 결사의 자유를 중심
으로 –", 「사회법연구」, 제40호, 한국사회법학회,
2020.4.

윤성천, "부당노동행위 구제제도에 관한 연구", 박사학위논
문, 경희대학교 대학원, 1984.

윤효원, "ILO 100주년 의미와 핵심 비준협약 주요 쟁점과
향후 과제", 한국노동사회연구소, 「창립기념 토론회
자료집; ILO 100주년, 한국 노동정책의 과제와 새로
운 방향 모색」, 2019.5.16.

이광택, "바람직한 노동법 개정의 방향", 「법학논총」, 제
9집, 국민대학교법학연구소, 1997.

_____, "교원노조법의 제정과 교원의 노동기본권", 「법학
논총」, 제12집, 국민대학교법학연구소, 2000.2.

_____, "선거법 및 정치자금법으로 본 노동조합의 정치활
동", 「법학논총」, 제15집, 국민대학교출판부, 2003.2.

이길용, "서양사회의 노동의 가치관", 「사학논총: 소간 남
　　도영박사 고희기념논문집」, 태학사, 1984.

이봉의, "독점규제법상의 적용제외", 「경쟁법연구」, 제3권,
　　요한사, 1991.

이승욱, "ILO 핵심협약 비준을 위한 노동법 개정 방안의
　　모색", 「법학논집」, 제24권 제1호, 이화여자대학교
　　법학연구소, 2019.9.

이호근, "제4차 산업혁명 시대 '미조직 노동자' 이익대변에
　　관한 연구 – 노동회의소(Arbeitskammer) 도입방안
　　을 중심으로", 「국제노동」, 통권 233호, 한국ILO협
　　회, 2017.12.

이호준, "노동조합의 경영참가의 한계", 「이철원교수 화갑
　　기념논문집」, 1993.

정기남, "단체교섭의 주체와 대상", 「노동법학」, 제3호, 한
　　국노동법학회, 1991.

조성혜, "노동보호법의 역설 – 노동시장의 분절화와 역효
　　과를 중심으로 –", 「사회법연구」, 제37호, 한국사회
　　법학회, 2019.4.

최경진, "EU와 미국의 개인정보 규율체계 개선 동향", 「개
　　인정보 보호의 법과 정책」, 박영사, 2016.

Ⅱ. 일본 문헌

菅野和夫,「勞働法」, 弘文堂, 2019.

岡田與好,「イギリス初期勞働立法の歷史的展開」, 御茶の水
　　　書房, 1970.

犬丸義一　外, 「戰後日本勞働運動史」, 學習の友社,
　　　1989.

戒能道孝, "イギリスにおける團結權", 平野義太郎, 戒能道
　　　孝, 川島武宜 編,「團結權の研究: 末弘博士還曆記
　　　念論文集」, 日本評論社, 1950.

國立國會圖書館,「調査と情報-ISSUE　BRIEF-, No.1089:
　　　個人情報保護法見直しの概要」, 2020.

宮下 紘,「EU一般保データ護規則」, 勁草書房, 2018.

山本隆道 譯(R. Marshall, B. Rungeling 共著),「アメリカ
　　　の勞働組合」, サイマル出版會, 1979.

西谷 敏,「勞働法」, 日本評論社, 2020.

石井照久,「勞働法總論」, 有斐閣, 1985.

安枝英神, "諸外國の不當勞働行爲制度-イギリス", 現代勞
　　　働法講座(7): 不當勞働行爲Ⅰ」, 有斐閣, 1958.

野村平爾·峯村光郎,「勞働關係調整法」, 有斐閣, 1962.

吾妻光俊,「勞働法概論」, 靑林書院, 1959.

園尾隆司·小林秀之編,「條解民事再生法」, 弘文堂, 2003.

伊藤眞,「破産法」, 有斐閣, 2006.

_____,「會社更生法」, 有斐閣, 2012.

平野義太郎, 戒能道孝, 川島武宜 編,「團結權の硏究: 末弘
博士還曆記念論文集」, 日本評論社, 1950.

Ⅲ. 영미 문헌

Odaki, K., *The Right to Employee Inventions in Patent Law*, Hart, 2018.

Bakhoum, M. & others, *Personal Data in Competition, Consumer Protection and Intellectual Property Law*, Springer, 2018.

Carr, E.H., *What is history?*, Random House, Inc., 1961.

Gorman, Robert A., *Basic text on labor law: unionization and collective bargaining*, West Pub. Co., 1976.

Monti, A. & Wacks, R., *Protecting Personal Information*, HART, 2019.

Walters, R. & others, *Data Protection Law*, Springer, 2019.

▶ YouTube
박교수의 7분법(seven-law)

04 노동법

초판인쇄 2020년 11월 1일 **초판발행** 2020년 11월 1일

지은이 박승두
펴낸이 이혜숙 **펴낸곳** 신세림출판사
등록일 1991년 12월 24일 제2-1298호

04559 서울특별시 중구 창경궁로 6, 702호(충무로5가, 부성빌딩)
전화 02-2264-1972 팩스 02-2264-1973
E-mail : shinselim72@hanmail.net

정가 18,000원

ISBN 978-89-5800-222-2, 03330